AF124873

Martin Berger

Das Personalvertretungsrecht des Bundes im Überblick

Ein systematischer Leitfaden

3., überarbeitete Auflage 2017

Bibliografische Information der Deutschen Nationalbibliothek

Die Deutsche Nationalbibliothek verzeichnet diese Publikation in der Deutschen Nationalbibliografie; detaillierte bibliografische Daten sind im Internet über dnb.d-nb.de abrufbar.

Impressum:

© 2017 Dr. Martin Berger

3., überarbeitete Auflage 2017

ISBN 9783738615050

Herstellung und Verlag: BoD - Books on Demand, Norderstedt

Trotz sorgfältiger Prüfung kann keine Gewähr für die Richtigkeit, Vollständigkeit oder Aktualität der bereitgestellten Informationen übernommen werden. Dieses Werk wurde in privater Eigenschaft verfasst.

Vorwort zur 1. Auflage

Dieses Werk entstand im Seminar „Recht des öffentlichen Dienstes" bei apl. Prof. Dr. Christian Koch an der Deutschen Hochschule für Verwaltungswissenschaften Speyer im Wintersemester 2011 / 2012.

Dr. jur. Martin Berger   Speyer, Januar 2012

Inhaltsverzeichnis

A) Die geschichtliche Entwicklung bis zum BPersVG   Seite 13

B) Darstellung des Personalvertretungsrecht des Bundes   Seite 17

    a)   Anwendungsbereich   Seite 17

    b)   Wahl und Zusammensetzung des Personalrates   Seite 20

    c)   Vorbereitung und Durchführung der Wahl   Seite 25

    d)   Geschäftsführung des Personalrates   Seite 31

    e)   Rechtstellung der Personalräte   Seite 32

    f)   Stufenvertretung und Gesamtpersonalrat   Seite 34

    g)   Personalversammlung   Seite 35

    h)   Aufgaben des Personalrates   Seite 36

       aa) Allgemeine Aufgaben   Seite 36

       bb) Beteiligungsrechte   Seite 39

          aaa) Mitbestimmungsrecht   Seite 40

             aaaa) Verfahren   Seite 40

             bbbb) Dienstvereinbarungen   Seite 47

             cccc) Angelegenheiten der Mitbestimmung   Seite 48

          bbb) Mitwirkungsrecht   Seite 51

             aaaa) Verfahren   Seite 51

bbbb) Angelegenheiten
der Mitwirkung   Seite 55

ccc) Anhörungsrecht   Seite 56

i) Sondervertretungen   Seite 57

j) Gerichtlicher Rechtschutz   Seite 59

k) Sonstiges   Seite 59

C) Das Bundespersonalvertretungsgesetz   Seite 61

Literaturverzeichnis

Altvater, Lothar   Bundespersonalvertretungsgesetz
Kommentar für die Praxis
6. Auflage 2008
Bund-Verlag Frankfurt a. M.
(zitiert: Altvater, BPersVG, §, Rn.)

Berger, Martin   Die autonome kirchliche Rechtsetzung zum
Dienstrecht der Ev.- Luth. Landeskirche Sachsens
Diss, Universität Leipzig 2011
Verlag Dr. Kovac Hamburg
(zitiert: Berger, Die autonome kirchliche
Rechtsetzung)

Fischer, Alfred;   Personalvertretungsrecht des Bundes und der
Goeres, Hans   Länder
Joachim; Fürst,   Kommentar
Walther (Hrsg.)   Loseblattsammlung
Verlag Erich Schmidt Berlin
(zitiert: Fischer/Goeres, BPersVG, §, Rn.)

Heussen, Benno   Funktionen und Grenzen des
Personalvertretungsrechts unter
verfassungsrechtlichem Aspekt
Diss. Universität München 1972
(zitiert: Heussen, Funktionen und Grenzen)

Hoyningen-   Betriebsverfassungsrecht
Huene, Gerrick,   5. Auflage 2002
v.   Verlag C. H. Beck München
(zitiert: Hoyningen-Huene,
Betriebsverfassungsrecht)

Hueck, Alfred;   Lehrbuch des Arbeitsrechts
Nipperdey,   Band 2
Hans Carl   7. Auflage 1967
Verlag Franz Vahlen Frankfurt a.M.
(zitiert: Hueck-Nipperdey, 2.Bd.)

Ilbertz, Wilhelm; Widmaier, Ulrich; Grabendorff, Walter; Windscheid, Clemens	Bundespersonalvertretungsgesetz Kommentar 11. Auflage 2008 Verlag Kohlhammer Stuttgart (zitiert: Ilbertz/Grabendorff/Widmaier, BPersVG)
Löwisch, Manfred; Kaiser, Dagmar	Betriebsverfassungsgesetz Kommentar 5. Auflage 2002 Verlag Recht und Wirtschaft Heidelberg (zitiert: Löwisch/Kaiser, Betriebsverfassungsgesetz)
Meurer, Dieter (Hrsg.)	Bundespersonalvertretungsrecht systematischer Leitfaden mit Text des BPersVG und der BPersVWO 2. Auflage 1992 Verlag Luchterhand Neuwied (Meurer, Bundespersonalvertretungsrecht)
Ortwein, Heinz-Walter	Mitbestimmungsmechanismen im Öffentlichen Dienst Diss. Universität Köln 1983 (zitiert: Ortwein, Mitbestimmungsmechanismen)
Raiser, Thomas	Mitbestimmungsgesetz Kommentar 4. Auflage 2002 Verlag De Gruyter Berlin (zitiert: Raiser, Mitbestimmungsgesetz)
Rob, Werner	Mitbestimmung im Staatsdienst im Lichte der Strukturprinzipien des demokratischen, sozialen Rechtsstaates Diss. DHV Speyer 1998 (zitiert: Rob, Mitbestimmung im Staatsdienst)

Steiner, Harald   Der besondere Stellenwert der Mitbestimmung im
öffentlichen Dienst vor dem Hintergrund der
Entwicklungsgeschichte gesetzlich normierter
Mitbestimmungsregelungen
PersV 86, 143ff.

Das Personalvertretungsrecht regelt die Beteiligung der Beschäftigten des öffentlichen Dienstes in den jeweiligen Dienststellen und stellt damit ein Pendant zu dem im privatrechtlichen Bereich geltenden Betriebsverfassungsrecht dar.

A) Die geschichtliche Entwicklung bis zum BPersVG

Die Entwicklung des Personalvertretungsrechts war unterschiedlich stark an die Entwicklung des Vertretungsrecht der privatrechtlich Beschäftigten geknüpft.

Die Wurzeln des modernen innerbetrieblichen Personalvertretungsrechts reichen weit zurück. Bereits im 6. Jahrhundert formulierte der Mönch Benedikt von Nursia (480-550) Klosterregeln, wonach die ganze Klostergemeinde bei wichtigen Fragen „quoties aliqua praecipua agenda sunt" zusammenzurufen und um Rat zu fragen war[1].

Der erste neuzeitliche Versuch zur Einführung von Arbeitnehmervertretungen in den Betrieben scheiterte 1848/49 jedoch an den Mehrheitsverhältnissen der Frankfurter Nationalversammlung[2]. Erst 1891 wurde eine Novellierung der Gewerbeordnung[3] durch Kaiser Wilhelm II. durchgesetzt, wonach die Errichtung von Arbeiterausschüssen in den Betrieben ermöglicht wurde[4]. Diese sollten an der Schaffung von betrieblichen Arbeitsordnungen mitwirken. 1916 wurde die Bildung von Arbeiterausschüsse dann

---

[1] Jassmeier, Das Mitbestimmungsrecht der Untergebenen, S.7ff.; Berger, Die autonome kirchliche Rechtsetzung, S.331.
[2] Raiser, fsgesetz, Einleitung, Rn.2.
Löwisch/Kaiser, Betriebsverfassungsgesetz, Einleitung, Rn.4.
[3] Gesetz, betreffend Abänderung der Gewerbeordnung, vom 1.7.1891, abgedruckt in: Deutsches Reichsgesetzblatt, 1891 Band Nr.18, S.251-290.
[4] Vgl. §§ 134b ff. Gewerbeordnung (1891).

auch in allen kriegswichtigen Unternehmen mit mindestens 50 Arbeitern zwingend vorgeschrieben[5]. Dabei sollte der Arbeiterausschuss ein gutes Einvernehmen zwischen der Arbeiterschaft und dem Arbeitgeber fördern, sowie Anträge, Wünsche und Beschwerden der Arbeiterschaft dem Arbeitgeber mit eigenem Votum vortragen. Gleichzeitig wurde die Möglichkeit zur Bildung von selbständigen Angestelltenausschüssen geschaffen.

Die Beamten in den öffentlichen Verwaltungen wurden jedoch von diesen Regelungen nicht umfasst[6].

Erste eigenständige Beamtenvertretungen bildeten sich in einzelnen Städten ab 1916, wobei diese sich erst ab 1918 auf Reichsebene durchsetzten[7]. Die Gründe dafür lagen in der preußisch-militärischen Prägung des Staatsdienstes, welcher sich insbesondere durch ein gesteigertes Gehorsam gegenüber dem Kaiser auszeichnete. Somit bestand ursprünglich kein Spielraum für eine Mitbestimmung der Beschäftigten im Staatsdienst. Dies änderte sich erst nach dem Ende des Ersten Weltkrieges mit dem Wandel des Selbstverständnisses der Berufsbeamten. Mit der Gründung des Deutschen Beamtenbundes gab es nun einen Lobbyverband, der die Interessen der Beamten in der postmonarchistischen Zeit vertrat.

Nach dem Ende des Ersten Weltkrieg verständigten sich die Gewerkschaften und die Industrie „zur Abwehr radikaler Forderungen nach Sozialisierung" in allen größeren Betrieben Arbeiterausschüsse zur Wahrnehmung der wirtschaftlichen und sozialen Interessen der

---

[5] Vgl. §§ 4, 11f.. Gesetz, betreffend den Vaterländischen Hilfsdienst, vom 05.12.1916, abgedruckt in: RGBl. 1916, S.1333 ff.
[6] Ortwein, Mitbestimmungsmechanismen (Fn.2), S.86; Heussen, Funktionen und Grenzen, (Fn.5), S.30.
[7] Steiner in: PersV 86, 143 (147).

Arbeiterschaft einzurichten[8]. Diese Vereinbarung wurde 1919 in Art. 165 II Weimarer Reichsverfassung verankert[9], auf deren Grundlage 1920 mit dem Betriebsrätegesetz die erste umfassende gesetzliche Mitarbeitervertretungsregelung erlassen wurde, die zwar die Angestellten in der öffentlichen Verwaltung umfasste[10], jedoch die Berufsbeamten vom Geltungsbereich ausnahm[11]. Für die Beamten sah die Weimarer Reichsverfassung in Art.130 III die Schaffung einer eigenen gesetzlichen Vertretungsregelung vor, die jedoch bis 1933 trotz zahlreicher Regelungsentwürfe nicht erlassen wurde. Dennoch wurden vorläufige Beamtenausschüsse auf Grundlage von Verwaltungsvorschriften im Reich und in den Ländern gebildet, die jedoch lediglich eine beratende Funktion hatten[12].

Unmittelbar nach der Machtergreifung der Nationalsozialisten wurden die Betriebsräte und die Beamtenausschüsse durch das „Gesetz zur Ordnung der nationalen Arbeit"[13] und durch das „Gesetz zur Ordnung der Arbeit in den öffentlichen Verwaltungen und Betrieben"[14] abgeschafft und durch Vertrauensräte ersetzt, die auf dem Führerprinzip basierten. Während den Arbeitern und Angestellten in der öffentlichen Verwaltung somit noch eine geringfügige

---

[8] Raiser, Mitbestimmungsgesetz, Einleitung, Rn.3.
[9] Die Verfassung des Deutschen Reichs, vom 11.8.1919, abgedruckt in: RGBl. 1919, S.1383.
[10] vgl. § 9 S.1 Betriebsrätegesetz, abgedruckt in: RGBl. 1920, S.147.
[11] vgl. § 10 S.2 Nr.1 Betriebsrätegesetz.
[12] Ilbertz/Grabendorff/Widmaier, BPersVG, 11. Aufl. Einl. Rn.9.
[13] Gesetz zur Ordnung der nationalen Arbeit, vom 20.1.1934, abgedruckt in: RGBl. I 1934, S.45.
[14] Gesetz zur Ordnung der Arbeit in den öffentlichen Verwaltungen und Betrieben, vom 23.3.1934, abgedruckt in: RGBl. I 1934, S.220.

innerbetriebliche Mitbestimmungsmöglichkeit verblieb, wurde das Vertretungsrecht der Beamten völlig aufgehoben[15].

Nach dem Ende des Zweiten Weltkrieges wurden zunächst ohne gesetzliche Grundlage in den privaten und öffentlichen Betrieben und Verwaltungen Betriebsräte gebildet[16]. Erst durch das Kontrollratsgesetz Nr.22 vom 10.04.1946 wurde der Bildung von Betriebsräten für Angestellte und Arbeiter legitimiert[17], wobei umstritten blieb, ob diese Norm auch auf Beamte anzuwenden war[18]. Während sich zunächst in allen Sektoren Betriebsräte aus Angestellten, Arbeitern und Beamten bildeten, wurde ab 1947 in der Sowjetischen Besatzungszone das Berufsbeamtentum aus ideologischen Gründen abgeschafft und die freien Betriebsräte durch die politisch abhängigen Betriebsgewerkschaftsleitungen ersetzt.

In der Bundesrepublik wurde das Kontrollratsgesetz 1952 durch das Betriebsverfassungsgesetz und 1955 durch das Bundespersonalvertretungsgesetz abgelöst, welches seitdem mehrfach modifiziert wurde.

---

[15] Rob, Mitbestimmung im Staatsdienst, S.18.
[16] Heussen, Funktionen und Grenzen, S.37.
[17] Art. I des Kontrollratsgesetzes Nr.22 vom 10.04.1946, Abl. Des Kontrollrats vom 30.04.1946, Nr.6, S.133.
[18] Ilbertz/Grabendorff/Widmaier, BPersVG, 11. Aufl. Einl. Rn.14.

B) Darstellung des Personalvertretungsrechtes des Bundes

Aufgrund der zahlreichen unterschiedlichen Landespersonalvertretungsregelungen erfolgt die Darstellung des Personalvertretungsrecht anhand des Bundespersonalvertretungsrechtes.

a) Anwendungsbereich

Während das Betriebsverfassungsgesetz lediglich für die in privaten Betrieben Beschäftigten gilt[19], umfasst das Bundespersonalvertretungsgesetz alle Beschäftigten[20] (Arbeitnehmer und Beamte) in der Verwaltung des Bundes und der bundesunmittelbaren Körperschaften, Anstalten und Stiftungen des öffentlichen Rechts sowie in den Gerichten des Bundes (§ 1 BPersVG), sofern deren Beschäftigung nicht überwiegend durch Beweggründe karitativer oder religiöser Art bestimmt ist oder die Beschäftigung überwiegend ihrer Heilung, Wiedereingewöhnung, sittlichen Besserung oder Erziehung dient (§ 4 V Nr.1, 2 BPersVG).

Für die Beschäftigten in den Verwaltungen, Gerichten, Schulen und Betrieben der Länder, der kommunalen Träger der Selbstverwaltung und der sonstigen Körperschaften, Anstalten und Stiftungen des öffentlichen Rechts, die der Aufsicht eines Landes unterstehen, gelten die jeweiligen Personalvertretungsgesetze der Länder[21].

---

[19] vgl. § 130 BetrVG.

[20] Das Bundespersonalvertretungsgesetz weicht dabei von der Terminologie der Tarifverträge TvöD, TV-H und TV-L ab, indem der Terminus „Beschäftigte" alle in der Dienststelle beschäftigten Personen umfasst (Beamte, Arbeitnehmer (=Angestellte, Arbeiter). Hingegen werden nach den o.g. Tarifverträgen nur Angestellte und Arbeiter vom Beschäftigtenbegriff umfasst.

[21] **Baden-Würtemberg:** Personalvertretungsgesetz für das Land Baden-Württemberg (Landespersonalvertretungsgesetz - LPVG) in der Fassung vom 12.3.2015; **FS Bayern:** Bayerisches Personalvertretungsgesetzes (BayPVG), vom 11. November 1986; **Berlin:** Personalvertretungsgesetz (PersVG) des Landes Berlin

Die Abgrenzung des Geltungsbereiches des Personalvertretungsrechtes[22] zum BetrVG erfolgt grundsätzlich anhand der Rechtsform der Organisation[23]. Dies gilt auch für bundeseigene Einrichtungen, sofern sie eine privatrechtliche Organisationsform (GmbH, AG, etc.) aufweisen[24].

Ausnahmeregelungen bestehen lediglich für Beamte, die als Folge der Privatisierung von Post und Bahn in die neugegründeten Aktiengesellschaften übergeleitet wurden, wobei teilweise das BPersVG in diesen Aktiengesellschaften übergangsweise zur Anwendung kommt[25].

Eine Sonderstellung nehmen auch die Religionsgemeinschaften, Soldaten und die Bundesfreiwilligendienstleistenden (ehemals Zivildienstleistende) ein.

---

vom 14.07.1994; **Brandenburg**: Personalvertretungsgesetz für das Land Brandenburg (PersVG) vom 15.09.1993; **Bremen**: Bremisches Personalvertretungsgesetz vom 05.03.1974; **Hamburg**: Hamburgisches Personalvertretungsgesetz (HmbPersVG) vom 16. Januar 1979; **Hessen**: Hessisches Personalvertretungsgesetz (HPVG) vom 24. März 1988; **Mecklenburg-Vorpommern**: Personalvertretungsrecht für das Land Mecklenburg-Vorpommern (PersVG) vom 24.02.1993; **Niedersachsen**: Niedersächsisches Personalvertretungsgesetz (NPersVG) vom 22.01.2007; **Nordrhein-Westfalen**: Personalvertretungsgesetz für das Land Nordrhein-Westfalen (LPVG) vom 03.12.1974; **Rheinland-Pfalz**: Landespersonalvertretungsgesetz (LPersVG) vom 24. November 2000; **Saarland**: Saarländisches Personalvertretungsgesetz (SPersVG) vom 09.05.1973; **FS Sachsen**: Sächsisches Personalvertretungsgesetz (SächsPersVG) vom 25.06.1999; **Sachsen-Anhalt**: Landespersonalvertretungsgesetz Sachsen-Anhalt (PersVG LSA) vom 16.03.2004; **Schleswig-Holstein**: Gesetz über die Mitbestimmung der Personalräte (MBG Schl.-H.) vom 11. Dezember 1990; **FS Thüringen**: Thüringer Personalvertretungsgesetz (ThürPersVG) vom 16. Dezember 2005.

[22] als Überbegriff für die Personalvertretungsgesetze der Bundesländer und des Bundes.

[23] Das BPersVG gilt somit u.a. für die Ersatzkassen der gesetzlichen Krankenkassen, die Bundesknappschaft, der Deutschlandfunk, die Deutsche Welle, Bundesagentur für Arbeit und die Deutsche Bundesbank.

[24] vgl. BAG BD 1967, 584; Fischer/Goeres, GKÖD V, K § 1, Rn.18.

[25] Vgl. PostPersRG und DBGrG.

Religionsgemeinschaften und ihre karitativen und erzieherischen Einrichtungen sind ausdrücklich vom Geltungsbereich des BPersVG (§ 112 BPersVG) und vom BetrVG (§ 118 II BetrVG) ausgenommen. Diese haben unabhängig von ihrer Rechtsform ein eigenes Personalvertretungsrecht zu setzen[26]. Das BPersVG umfasst jedoch zunächst Beschäftigte der Militärseelsorge, sofern ihre Ämter als Dienststellen des Bundes geführt werden[27], wobei die Geistlichen aufgrund § 4 V, Nr.1 BPersVG nicht als Beschäftigte gelten. Ein Anwendungsbereich ergibt sich somit nur für nichtgeistliche Mitarbeiter der Militärseelsorge. Entsprechendes gilt für die Seelsorge innerhalb der Bundespolizei[28]. Sofern die Landespersonalvertretungsgesetze keine dem § 112 BPersVG entsprechenden Regelungen enthalten, ergibt sich aufgrund einer gebotenen verfassungsrechtlichen Auslegung nach Art. 140 GG i.V.m. Art.137 I, III WRV keine abweichende Rechtslage[29].

Auch auf Soldaten findet das BPersVG grundsätzlich keine Anwendung, selbst wenn die Soldaten mit zivilen Funktionen in zivilen Bereichen des Bundes beschäftigt werden[30]. Für Soldaten gilt das Soldatenbeteiligungsgesetz (SBG), wonach eigene Vertretungseinrichtungen der Soldaten zu bilden sind. Nur ausnahmsweise wählen Soldaten Personalvertretungen, sofern sie nicht unter den Katalog des § 2 I i.V.m. § 49 SBG fallen. Das betrifft

---

[26] Im Bereich der römisch-katholischen Kirche hat jedes Bistum eine eigene Rechtsetzungsbefugnis, wobei sich an der Rahmenordnung für eine Mitarbeitervertretungsverordnung (MAVO) orientiert wird; in den evangelischen Gliedkirchen der EKD kommt das Mitarbeitervertretungsgesetz der EKD (MVG.EKD) direkt zur Anwendung, wobei die einzelnen Landeskirchen eigene Aus- und Durchführungsbestimmungen erlassen können.
[27] Vgl. OVG Münster RiA 1981, 159.
[28] Fischer/Goeres, GKÖD V, K § 112, Rn.19a.
[29] Fischer/Goeres, GKÖD V, K § 112, Rn.20.
[30] BVerwG PersV 1995, 34 (72).

insbesondere die Stäbe der Verteidigungsbezirkskommandos, der Wehrbereichskommandos, der Wehrbereichskommandos/Divisionen und regelmäßig der Korps sowie entsprechende Dienststellen.

Entsprechendes gilt für die Freiwilligen des Bundesfreiwilligendienstes (§ 10 BFDG). Diese wählen einen Sprecher[31].

b) Wahl und Zusammensetzung des Personalrates

Die Wahlgrundsätze und die Zusammensetzung des Personalrates sind direkt im BPersVG geregelt. Die Durchführung der Wahl ist hingegen in der Wahlordnung zum Bundespersonalvertretungsgesetz (BPersVWO)[32] normiert.

In den Dienststellen i.S.v. § 1 BPersVG sind Personalräte in geheimer und unmittelbarer Wahl[33] für regelmäßig vier Jahren[34] zu wählen, sofern in der Dienststelle in der Regel mindestens fünf Wahlberechtigte beschäftigt sind, von denen drei wählbar sind (§ 12 I BPersVG). Wahlberechtigt sind alle Beschäftigten, sofern sie am Wahltag das 18. Lebensjahr vollendet haben und nicht seit sechs Monaten unter Wegfall der Bezüge beurlaubt sind oder denen infolge Richterspruch das Wahlrecht für öffentliche Ämter aberkannt wurde (§ 13 I BPersVG). Wählbar sind hingegen alle Wahlberechtigten, die am Wahltage seit einem Jahr in öffentlichen Verwaltungen oder von diesen geführten Betrieben beschäftigt sind und seit sechs Monaten

---

[31] Früher wählten die Zivildienstleistenden einen Vertrauensmann, vgl. § 37 Abs.1 ZDG.

[32] Vgl. Wahlordnung zum Bundespersonalvertretungsgesetz in der Fassung der Bekanntmachung vom 01.12.1994 (BGBl. I S. 3653), die zuletzt durch Artikel 1 der Verordnung vom 28.09.2005 (BGBl. I S. 2906) geändert worden ist.

[33] Vgl. § 19 I BPersVG.

[34] Vgl. § 26 BPersVG, wobei die Amtszeit mit dem Ablauf der Amtszeit des alten Personalrats beginnt.

dem Geschäftsbereich ihrer obersten Dienstbehörde angehören[35] (§ 14 I BPersVG). Nicht wählbar sind hingegen die Beamten im Vorbereitungsdienst, Beschäftigte entsprechender Berufsausbildung[36] und diejenigen, denen infolge Richterspruchs die Fähigkeit, Rechte aus öffentlichen Wahlen zu erlangen, nicht besitzen, sowie die Führungspersonen in den Dienststellen[37] (§ 14 III BPersVG).

Die Anzahl der zu wählenden Personalräte ist gestaffelt nach der Anzahl der wahlberechtigten Beschäftigten in der Dienststelle.

Wahl des Personalrats
§ 16 BPersVG

(1) Der Personalrat besteht in Dienststellen mit in der Regel

5 bis 20 wahlberechtigten Beschäftigten	aus 1 Person,
21 Wahlberechtigten bis 50 Beschäftigten	aus 3 Mitgliedern,
51 bis 150 Beschäftigten	aus 5 Mitgliedern,
151 bis 300 Beschäftigten	aus 7 Mitgliedern,
301 bis 600 Beschäftigten	aus 9 Mitgliedern,
601 bis 1.000 Beschäftigten	aus 11 Mitgliedern.

Die Zahl der Mitglieder erhöht sich in Dienststellen mit 1.001 bis 5.000 Beschäftigten um je zwei für je weitere angefangene 1.000, mit 5.001 und mehr Beschäftigten um je zwei für je weitere angefangene 2.000.

(2) Die Höchstzahl der Mitglieder beträgt einunddreißig.

Der Personalrat besteht in Dienststellen mit in der Regel 5 bis 20 wahlberechtigten Beschäftigten aus einer Person; bei 21 bis 50

---

[35] Diese Voraussetzung entfällt, sofern die oberste Dienstbehörde oder Dienststelle weniger als ein Jahr besteht, § 15 I BPersVG.

[36] Dies betrifft nur deren Wählbarkeit in eine Stufenvertretung, vgl. § 14 III i.V.m. § 13 III BPersVG.

[37] Beschäftigte i.S.d. § 7 BPersVG, sowie die, die zur selbständigen Entscheidung in Personalangelegenheiten der Dienststelle befugt sind.

Beschäftigten aus drei Mitgliedern, wobei die Höchstzahl der Mitglieder einunddreißig beträgt (§ 16 I, II BPersVG)[38].

Sind in der Dienststelle mehrere Gruppen (Beamte[39] und Arbeitnehmer (ggf. Soldaten[40])) beschäftigt, so muss jede Gruppe entsprechend ihrer Stärke im Personalrat vertreten sein, sofern dieser aus mindestens drei Mitgliedern besteht (§ 17 I 1 BPersVG). Die Wahl erfolgt dabei grundsätzlich gruppengetrennt in verschiedenen Wahlgängen, sofern sich die Gruppen nicht auf eine gemeinsame Wahl verständigt haben (§ 19 I BPersVG). Dabei werden die nach der Gesamtanzahl der zu wählenden Personalräte ermittelten Sitze auf die einzelnen Gruppen nach den Grundsätzen der Verhältniswahl verteilt (§ 17 II BPersVG).

Gruppenstärke

§ 17 Abs.3 BPersVG: Eine Gruppe erhält mindestens

bei weniger als 51 Gruppenangehörigen	einen Vertreter,
bei 51 bis 200 Gruppenangehörigen	zwei Vertreter,
bei 201 bis 600 Gruppenangehörigen	drei Vertreter,
bei 601 bis 1000 Gruppenangehörigen	vier Vertreter,
bei 1001 bis 3000 Gruppenangehörigen	fünf Vertreter,
bei 3001 und mehr Gruppenangehörigen	sechs Vertreter.

---

[38] 151 bis 300 Beschäftigte (5 Mitglieder) ; 301 bis 600 Beschäftigte (9 Mitglieder) ; 601 bis 1000 Beschäftigte (11 Mitglieder) ; ab 1001 bis 5000 Beschäftigte erhöht sich die Zahl der Mitglieder um je zwei für je weitere angefangene 1000 Beschäftigte; mit 5001 und mehr Beschäftigten erhöht sich die Anzahl um je zwei für je weitere angefangene 2000 Beschäftigte.

[39] Richter sind zwar keine Beamte, da sie nicht weisungsgebunden sind. Jedoch werden sie der Gruppe der Beamten zugerechnet, § 5 S.2 BPersVG.

[40] Soldaten können ausnahmsweise eine dritte Gruppe bilden, wenn sie nicht soldatische Verwaltungsaufgaben wahrnehmen, vgl. Fischer/Goeres, § 92 Rn.9ff.

Eine Gruppe erhält mindestens einen Gruppenvertreter bei weniger als 51 Gruppenangehörigen[41]. Dabei soll der Personalrat aus Vertretern verschiedener Beschäftigungsarten zusammengesetzten und die Geschlechter entsprechend dem Zahlenverhältnis vertreten sein (§ 17 VI, VIII BPersVG). Die Wahl findet grundsätzlich nach den Grundsätzen der Verhältniswahl statt, sofern nicht nur ein Wahlvorschlag eingereicht wurde[42]. Wahlvorschläge können die Beschäftigten in der Dienststelle oder die in der Dienststelle vertretenen Gewerkschaften machen, wobei jeder Wahlvorschlag von mindestens 1/20 der wahlberechtigten Gruppenangehörigen (mind. 3 Wahlberechtigten) unterzeichnet werden (§ 19 IV BPersVG)[43]. Jeder Beschäftigte kann jedoch nur auf einem Wahlvorschlag benannt werden (§ 19 VII BPersVG).

Für die Durchführung der Wahl wird ein Wahlvorstand gebildet[44]. Dieser führt die Wahl durch und zählt im Anschluss die Stimmen öffentlich aus, hält das Ergebnis in einer Niederschrift fest und gibt es den Angehörigen der Dienststelle durch Aushang bekannt. Die Wahl darf dabei nicht behindert werden oder in einer gegen die guten Sitten

---

[41] bei 51 bis 200 Gruppenangehörigen (zwei Vertreter) ; bei 201 bis 600 Gruppenangehörigen (drei Vertreter) ; bei 601 bis 1000 Gruppenangehörigen (vier Vertreter) ; bei 1001 bis 3000 Gruppenangehörigen (fünf Vertreter) ; bei 3001 und mehr Gruppenangehörigen (sechs Vertreter), vgl. § 17 III BPersVG. § 17 V BPersVG sieht weitere Ausnahmen vor, wonach es zu Verschiebungen zwischen den Gruppen kommen kann.

[42] Dann findet die Personenwahl statt. Besteht hingegen der Personalrat nur aus einem Mitglied, so wird diese Person mit einfacher Stimmenmehrheit gewählt. Entsprechendes gilt für Gruppen, § 19 III BPersVG.

[43] Diese restriktiven Vorschriften sind nicht anzuwenden, sofern in der Dienststelle bisher kein Personalrat bestand und die vertretenen Gewerkschaften Wahlvorschläge machen, § 19 VIII BPersVG.

[44] Besteht 6 Wochen vor der Wahl kein Wahlvorstand, so beruft der Dienststellenleiter auf Antrag von mind. 3 Wahlberechtigten oder eine in der Dienststelle vertretene Gewerkschaft eine Personalversammlung zur Wahl eines Wahlvorstandes ein, § 20 II BPersVG.

verstoßenden Weise beeinflusst werden, § 24 I 1 BPersVG. Die Kosten der Wahl trägt die Dienststelle, wobei Arbeitszeitausfälle aufgrund der Wahlvor- und durchführung keine Minderung der Dienstbezüge zur Folge hat, § 24 II BPersVG. Die Wahl kann durch mind. drei Wahlberechtigte, durch die vertretenen Gewerkschaften oder durch die Dienststellenleitung binnen 12 Arbeitstagen seit Bekanntgabe des Wahlergebnisses angefochten werden, wenn gegen wesentliche Wahlvorschriften verstoßen und diese nicht nachträglich berichtigt worden sind, sofern der Verstoß das Wahlergebnis geändert oder beeinflusst haben könnte (§ 25 BPersVG).

Sofern sich der Personalrat vor Ablauf der vierjährigen Wahlperiode aufgelöst hat, finden neue Personalratswahlen statt. Eine Auflösung findet u.a. statt, wenn die Mehrheit seiner Mitglieder den Rücktritt beschlossen hat; wenn der Personalrat durch gerichtliche Entscheidung[45] aufgelöst worden ist oder wenn der Personalrat auch nach Eintreten sämtlicher Ersatzmitglieder um mehr als ¼ der vorgeschriebenen Zahl gesunken ist[46]. Die Mitgliedschaft im Personalrat endet durch Ablauf der Amtszeit; Niederlegung des Amtes, Beendigung des Dienstverhältnisses, Ausscheiden aus der Dienststelle, Verlust der Wählbarkeit oder auf gerichtliche Entscheidung (§ 29 I BPersVG). Sofern ein Mitglied aus dem Personalrat ausscheidet oder zeitweilig verhindert ist, tritt ein Ersatzmitglied hinzu, (§ 31 I BPersVG).

---

[45] Das Verwaltungsgericht kann auf Antrag eines ¼ der Wahlberechtigten oder einer vertretenen Gewerkschaft den Ausschluss eines Mitgliedes aus dem Personalrat oder die Auflösung des Personalrates wegen grober Vernachlässigung seiner gesetzlichen Pflichten beschließen, § 28 I BPersVG.
[46] Vgl. abschließend § 27 II BPersVG.

c) Vorbereitung und Durchführung der Wahl

Die Wahl des Personalrates wird durch den Wahlvorstand vorbereitet und durchgeführt, wobei er sich der Unterstützung durch Wahlhelfer bedienen kann (§ 1 Abs.1 BPersVWO). Seine Hauptaufgaben sind die Zusammenstellung der Wählerverzeichnisse und die Organisation und Durchführung der Wahl.

Der Wahlvorstand selbst wird spätestens acht Wochen vor Ablauf der Amtszeit des alten Personalrats durch diesen bestellt. Somit bestimmt der amtierende Personalrat drei Wahlberechtigte als Wahlvorstand, wobei einer zum Vorsitzenden ernannt wird. Sind in der Dienststelle Angehörige verschiedener Gruppen beschäftigt, so muss jede Gruppe im Wahlvorstand vertreten sein (§ 20 Abs.1 BPersVG). Besteht sechs Wochen vor der Wahl jedoch kein Wahlvorstand, so beruft der Dienststellenleiter auf Antrag von mindestens drei Wahlberechtigten oder eine in der Dienststelle vertretene Gewerkschaft eine Personalversammlung zur Wahl eines Wahlvorstandes ein (§ 20 Abs.2 BPersVG).

Die Dienststelle hat den Wahlvorstand bei der Erfüllung seiner Aufgaben tatkräftig zu unterstützen. So müssen die notwendigen Unterlagen zur Verfügung gestellt werden und -sofern erforderlich- zu ergänzen und die erforderlichen Auskünfte zu erteilen (§ 1 Abs. 2 BPersVWO).

Der Wahlvorstand stellt die Zahl der in der Regel Beschäftigten und ihre Verteilung auf die Gruppen und die Voraussetzungen der Wahlberechtigung der Beschäftigten fest, sofern diese die Zahl von 50 nicht übersteigen (§ 2 Abs.1 BPersVWO). Der Wahlvorstand stellt dabei ein nach Gruppen getrenntes Verzeichnis der wahlberechtigten Beschäftigten - das sogenannte Wählerverzeichnis - auf. Das

Wählerverzeichnis ist unverzüglich nach Einleitung der Wahl bis zum Schluss der Stimmabgabe an einer geeigneten Stelle in der Dienststelle zur Einsicht auszulegen (§ 2 Abs.3 BPersVWO).

Innerhalb einer Frist von sechs Arbeitstagen seit Auslegung des Wählerverzeichnisses können die Beschäftigten gegen seine Richtigkeit Einspruch einlegen (§ 3 Abs.1 BPersVWO). Über Einsprüche hat der Wahlvorstand unverzüglich zu entscheiden. Ist der Einspruch begründet, so hat der Wahlvorstand das Wählerverzeichnis zu korrigieren. Spätestens einen Arbeitstag vor Beginn der Stimmabgabe ist dem Einspruchsführer die Entscheidung des Wahlvorstandes schriftlich mitzuteilen (§ 3 Abs.2 BPersVWO). Nach Ablauf der Einspruchsfrist soll der Wahlvorstand das Wählerverzeichnis nochmals auf seine Vollständigkeit überprüfen.

Der Wahlvorstand ermittelt nach §§ 16 und 17 Abs. 4 BPersVG die Zahl der zu wählenden Personalratsmitglieder und deren Verteilung auf die einzelnen Beschäftigtengruppen nach dem Höchstzahlverfahren (§ 5 BPersVWO).

Spätestens sechs Wochen vor dem letzten Tag der Stimmabgabe erlässt der Wahlvorstand ein Wahlausschreiben. Dieses Wahlausschreiben muss Angaben enthalten zu:
- Ort und Tag seines Erlasses,
- Zahl der zu wählenden Mitglieder des Personalrates, getrennt nach Gruppen,
- Angaben über die Anteile der Geschlechter innerhalb der Dienststelle, getrennt nach Gruppen,

- Angaben darüber, ob die Gruppen ihre Vertreter in getrennten Wahlgängen wählen (Gruppenwahl) oder vor Erlass des Wahlausschreibens gemeinsame Wahl beschlossen worden ist,

- die Angabe, wo und wann das Wählerverzeichnis und die Wahlordnung zur Einsicht ausliegt,

- den Hinweis, dass nur Beschäftigte wählen können, die in das Wählerverzeichnis eingetragen sind,

- den Hinweis, dass die Geschlechter im Personalrat entsprechend dem Zahlenverhältnis vertreten sein sollen,

- den Hinweis, dass Einsprüche gegen das Wählerverzeichnis nur binnen sechs Arbeitstagen seit seiner Auslegung schriftlich beim Wahlvorstand eingelegt werden können, der letzte Tag der Einspruchsfrist ist anzugeben,

- die Mindestzahl von wahlberechtigten Beschäftigten, von denen ein Wahlvorschlag unterzeichnet sein muss, und den Hinweis, dass jeder Beschäftigte für die Wahl des Personalrates nur auf einem Wahlvorschlag benannt werden kann,

- den Hinweis, dass der Wahlvorschlag einer in der Dienststelle vertretenen Gewerkschaft von zwei Beauftragten unterzeichnet sein muss,

- die Aufforderung, Wahlvorschläge binnen achtzehn Kalendertagen nach dem Erlass des Wahlausschreibens beim Wahlvorstand einzureichen, der letzte Tag der Einreichungsfrist ist anzugeben,

- den Hinweis, dass nur fristgerecht eingereichte Wahlvorschläge berücksichtigt werden und dass nur gewählt werden kann, wer in einen solchen Wahlvorschlag aufgenommen ist,

- den Ort, an dem die Wahlvorschläge bekanntgegeben werden,

- den Ort und die Zeit der Stimmenabgabe,

- einen Hinweis auf die Möglichkeit der schriftlichen Stimmenabgabe,

- den Ort und die Zeit der Stimmenauszählung und der Sitzung des Wahlvorstandes, in der das Wahlergebnis abschließend festgestellt wird,

- den Ort, an dem Einsprüche, Wahlvorschläge und andere Erklärungen ggü. dem Wahlvorstand abzugeben sind.

-

Mit Erlass des Wahlausschreibens ist die Wahl eingeleitet (§ 6 Abs. 5 BPersVWO).

Kandidatenvorschläge zur Wahl können dabei die wahlberechtigten Beschäftigten oder die in der Dienststelle vertretenen Gewerkschaften machen (§ 7 Abs. 1 BPersVWO). Diese Wahlvorschläge sind jedoch innerhalb achtzehn Kalendertage nach dem Erlass des Wahlausschreibens beim Wahlvorstand einzureichen. Finden Gruppenwahlen statt, so sind für die einzelnen Gruppen getrennte Wahlvorschläge einzureichen. Dabei soll jeder Wahlvorschlag doppelt so viele Bewerber enthalten, wie bei der Gruppenwahl Gruppenvertreter bzw. bei gemeinsamer Wahl Personalratsmitglieder zu wählen sind (§ 8 Abs.1 BPersVWO).

Bei der Gruppenwahl muss der Wahlvorschlag von mindestens einem Zwanzigstel der wahlberechtigten Gruppenangehörigen, jedoch mindestens von drei wahlberechtigten Gruppenangehörigen unterschrieben werden.

Bei einer gemeinsamen Wahl, wenn gruppenfremde Bewerber vorgeschlagen werden, muss der Wahlvorschlag von mindestens einem Zehntel der wahlberechtigten Angehörigen der Gruppe, für die sie vorgeschlagen sind, unterzeichnet werden.

Hingegen muss der Wahlvorschlag bei einer gemeinsamen Wahl von mindestens einem Zwanzigstel der wahlberechtigten Beschäftigten, jedoch mindestens von drei wahlberechtigten Beschäftigten, unterzeichnet werden (§ 8 Abs.3 BPersVWO).

Dabei können Bewerber für die Wahl des Personalrates nur auf einem Wahlvorschlag vorgeschlagen werden. Damit ist ausgeschlossen, dass ein Bewerber auf mehreren Listen kandidiert. Kandidiert ein Bewerber dennoch auf mehreren Wahlvorschlägen, so fordert der Wahlvorstand den Bewerber auf, sich für einen Wahlvorschlag zu entscheiden. Reagiert der Wahlbewerber nicht, so wird er von sämtlichen Wahlvorschlägen gestrichen (§ 10 Abs. 3 BPersVWO).

Der Wahlvorstand prüft sodann die Wahlvorschläge. Stellt er Mängel fest, so fordert er die betreffenden Personen auf, die Mängel zu beseitigen, andernfalls erklärt er die Wahlvorschläge für ungültig (§ 10 Abs. 5 BPersVWO).
Sind nicht ausreichend gültige Wahlvorschläge eingegangen, so kann der Wahlvorstand eine Nachfrist für die Einreichung von Wahlvorschlägen setzen (§ 11 BPersVWO).
Die Wahlvorschläge sind spätestens fünf Tage vor Arbeitstage vor Beginn der Stimmabgabe durch Aushang bekannt.

Wählen kann nur, wer in das Wählerverzeichnis eingetragen ist (§ 15 Abs.1 BPersVWO). Bei der Gruppenwahl müssen die Stimmzettel für jede Gruppe, bei gemeinsamer Wahl alle Stimmzettel dieselbe Größe, Farbe, Beschaffenheit und Beschriftung haben. Dasselbe gilt für die Wahlumschläge (§ 15 Abs. 2 BPersVWO).

Ist gemäß § 25 Abs. 1 BPersVWO nach den Grundsätzen der Verhältniswahl[47] zu wählen, so kann die Stimme nur für den gesamten Wahlvorschlag (Vorschlagsliste) abgegeben werden. Wird hingegen gemäß § 28 Abs. 1 i.V.m. § 30 Abs. 1 BPersVWO nach den Grundsätzen der Personenwahl gewählt[48], so wird die Stimme für die zu wählenden einzelnen Bewerber abgegeben.

Den Wählern steht auch die Möglichkeit der schriftlichen Stimmenabgabe (Briefwahl) zu, sofern sie im Zeitpunkt der Wahl verhindert sind (§ 17 BPersVWO).

Unverzüglich nach Abschluss der Wahl nimmt der Wahlvorstand öffentlich die Auszählung der Stimmen vor und stellt das Ergebnis fest (§ 20 Abs.1) und fertigt eine Wahlniederschrift an. Danach benachrichtigt der Wahlvorstand die gewählten Bewerber und gibt das Wahlergebnis und die Namen der als Personalratsmitglieder gewählten Bewerber durch zweiwöchigen Aushang an den Stellen bekannt, an denen das Wahlausschreiben bekannt gemacht worden ist (§§ 22f. BPersVWO).

---

[47] Wahlverfahren bei Vorliegen mehrerer Wahlvorschläge.
[48] Wahlverfahren bei Vorliegen eines Wahlvorschlages.

d) Geschäftsführung des Personalrates

Der Personalrat bildet aus seiner Mitte einen Vorstand, dem mindestens ein Mitglied jeder Gruppe angehören muss (§ 32 I BPersVG). Der Personalrat wählt den Vorsitzenden. Der Vorsitzende vertritt den Personalrat im Rahmen der von diesem gefassten Beschlüsse. Der Vorsitzende beraumt grundsätzlich die Sitzungen des Personalrates an, setzt die Tagesordnung fest und leitet die Verhandlung (§ 34 II BPersVG). Dabei hat er die Mitglieder des Personalrates ggf.[49] auch die Schwerbehindertenvertretung und die Mitglieder der Jugend- und Auszubildendenvertretung, den Vertreter der nichtständig Beschäftigten, den Gewerkschaften[50] und den Dienststellenleiter[51] rechtzeitig unter Mitteilung der Tagesordnung zu laden. Die Sitzungen sind nicht öffentlich und finden grundsätzlich während der Arbeitszeit statt, wobei der Personalrat auf die dienstlichen Erfordernisse Rücksicht zu nehmen und sich mit der Dienststellenleitung auf einen günstigen Zeitpunkt zu verständigen hat (§ 35 BPersVG). Die Beschlüsse des Personalrates werden mit einfacher Stimmenmehrheit der anwesenden Mitglieder gefasst, wobei die Beschlussfähigkeit nur dann gegeben ist, wenn mindestens die Hälfte der Personalratsmitglieder anwesend ist (§ 37 BPersVG).

Über die gemeinsamen Angelegenheiten der Gruppen wird gemeinsam beraten und entschieden. Betreffen Angelegenheiten nur eine Gruppe, so wird gemeinsam beraten und der Beschluss nur durch die Vertreter der betreffenden Gruppe gefasst (§ 38 I, II BPersVG). Auf die Bedürfnisse der Sondervertretungen ist dabei zu achten. Die Sondervertretungen können Beschlüsse des Personalrates unter den

---

[49] Vgl. Voraussetzungen der Teilnahme in § 34 III BPersVG.
[50] Vgl. Voraussetzungen der Teilnahme in § 36 BPersVG.
[51] Vgl. Voraussetzungen der Teilnahme in § 34 IV BPersVG.

Voraussetzungen des § 39 BPersVG aussetzen lassen. Über jede Verhandlung des Personalrates ist eine Niederschrift aufzunehmen. Darüber hinaus kann der Personalrat Sprechstunden während der Arbeitszeit einrichten, wobei Ort und Zeit mit der Dienststellenleitung einvernehmlich abzusprechen sind, § 43 BPersVG. Die Kosten der Tätigkeit des Personalrates trägt die Dienststelle, wobei den Mitgliedern ggf. auch Reisekostenvergütungen zustehen können (§ 44 I BPersVG).

e) Rechtsstellung der Personalräte

- Ehrenamt
- unentgeltlich
- Tätigkeit während der regulären Dienstzeit
- Anspruch auf volle Bezüge
- ggf. Dienstbefreiungen
- ab 300 Beschäftigte -> 1 Mitglied gänzlich freizustellen
- verschärfte Kündigungsvoraussetzungen

Die Personalratsmitglieder üben ihr Amt unentgeltlich als Ehrenamt aus (§ 46 I BPersVG), grundsätzlich während der regulären Arbeitszeit. Eine Versäumnis von Arbeitszeit zur ordnungsgemäßen Durchführung der Aufgaben des Personalrates hat keine Minderung der Dienstbezüge zur Folge. Darüber hinaus stehen Personalratsmitgliedern entsprechende Dienstbefreiungen für die reguläre Arbeitszeit zu, sofern sie zur Erfüllung ihrer Aufgaben über die Arbeitszeit hinaus beansprucht werden. Dabei ist ggf. auch eine vollständige Freistellung von der dienstlichen Tätigkeit möglich (§ 46 II, III BPersVG).

Gestaffelt nach der Dienststellengröße, jedoch ab mindestens 300 in der Regel Beschäftigten sind einzelne Personalratsmitglieder nach § 46 IV BPersVG von ihrer dienstlichen Tätigkeit ganz freizustellen.

Freistellung

Von ihrer dienstlichen Tätigkeit sind nach § 46 Abs.3 BPersVG ganz freizustellen in Dienststellen mit in der Regel:

300 bis 600 Beschäftigten	1 Mitglied,
601 bis 1.000 Beschäftigten	2 Mitglieder,
1.001 bis 2.000 Beschäftigten	3 Mitglieder,
2.001 bis 3.000 Beschäftigten	4 Mitglieder,
3.001 bis 4.000 Beschäftigten	5 Mitglieder,
4.001 bis 5.000 Beschäftigten	6 Mitglieder,
5.001 bis 6.000 Beschäftigten	7 Mitglieder,
6.001 bis 7.000 Beschäftigten	8 Mitglieder,
7.001 bis 8.000 Beschäftigten	9 Mitglieder,
8.001 bis 9.000 Beschäftigten	10 Mitglieder.

Diese freigestellten Personalratsmitglieder erhalten eine monatliche Aufwandsentschädigung, deren Höhe durch Rechtsverordnung der Bundesregierung festgelegt wird (§ 46 V BPersVG). Außerdem sind Personalratsmitglieder unter Fortzahlung ihrer Dienstbezüge zur Teilnahme an besonderen Schulungs- und Bildungsveranstaltungen freizustellen (46 VI, VII BPersVG).

Darüber hinaus sind ordentliche Kündigungen von Personalratsmitgliedern[52] grundsätzlich unzulässig (§§ 15, 16 KSchG) und nur ausnahmsweise unter engen Voraussetzungen möglich. Entsprechendes gilt für außerordentliche Kündigungen und Versetzungen. Der Personalrat muss demnach einer außerordentlichen Kündigung eines Personalratsmitgliedes zustimmen. Diese

---

[52] Gleiches trifft auf die Mitglieder der Sondervertretungen und der Wahlvorstände, etc. zu.

Zustimmung kann jedoch durch das Verwaltungsgericht ersetzt werden, wenn die außerordentliche Kündigung unter Berücksichtigung aller Umstände gerechtfertigt ist (§ 47 I BPersVG). Eine Versetzung oder Abordnung gegen den Willen des Personalratsmitgliedes ist nur dann zulässig, wenn dies unter Berücksichtigung der Mitgliedschaft im Personalrat aus wichtigen dienstlichen Gründen unvermeidbar ist (§ 47 II BPersVG)[53].

f) Stufenvertretung und Gesamtpersonalrat

Bei mehrstufigen Verwaltungen werden bei den Behörden der Mittelstufe Bezirkspersonalräte, bei den obersten Dienstbehörden Hauptpersonalräte gebildet (§ 53 I BPersVG).

Stufenvertretung am Beispiel der Zollverwaltung

Hauptpersonalräte	**oberste Behörde** (Bundesministerium der Finanzen)
Bezirkspersonalräte	**Behörde der Mittelstufe** (Bundesfinanz-direktionen)
Personalrat	**untere Behörde** (Hauptzollämter / Zollämter)

Die Bezirkspersonalräte werden von den Beschäftigten des Geschäftsbereiches der Mittelbehörde, die Hauptpersonalräte werden

---

[53] Für Beamte im Vorbereitungsdienst und für Beschäftigte entsprechender Berufsausbildung gelten abweichende Regelungen, vgl. § 47 III BPersVG.

von den Beschäftigten der obersten Dienstbehörde gewählt. Die drei Ebenen bilden eine Stufenvertretung, der eine übergeordnete Entscheidungsfunktion bei Differenzen zwischen Personalvertretung und Dienststellenleitung im Bereich der Mitbestimmungs- und Mitwirkungsrechte der untergeordneten Personalvertretung zukommt. Darüber hinaus kann bei Nebendienststellen i.S.d. § 6 III BPersVG, die eine eigene Personalvertretung haben, daneben ein Gesamtpersonalrat gebildet werden (§ 55 BPersVG).

g) Personalversammlung

Die Personalversammlung besteht aus allen Beschäftigten einer Dienststelle. Der Personalrat hat einmal im Kalenderhalbjahr in einer Personalversammlung einen Tätigkeitsbericht zu erstatten (§ 49 I BPersVG). Die Teilnahme an der Personalversammlung zu oben genanntem Zweck hat keine Minderung der Dienstbezüge zur Folge. Eine Personalversammlung kann jedoch auch zu anderen Themen einberufen werden, wobei die Versammlungen dann außerhalb der Arbeitszeit stattzufinden haben (§ 50 II BPersVG). Die Personalversammlung kann dem Personalrat Anträge unterbreiten und zu seinen Beschlüssen Stellung beziehen. Sie darf auch alle Angelegenheiten behandeln, die die Dienststelle oder ihre Beschäftigten unmittelbar betreffen[54].

---

[54] Insbesondere Tarif-, Besoldungs- und Sozialangelegenheiten sowie Fragen der Frauenförderung und Vereinbarkeit von Familie und Beruf, § 51 I 2 BPersVG.

h) Aufgaben des Personalrates

Das Recht der betrieblichen Mitbestimmung war aus den sozialen Kämpfen des letzten Jahrhunderts heraus entstanden. Die zunächst entstandenen Betriebsräte beruhten auf der Idee der „Beteiligung der Arbeitnehmer in sozialen, personellen und wirtschaftlichen Angelegenheiten zum Wohle des Betriebs, seiner Belegschaft und der Allgemeinheit"[55]. Der dabei im Vordergrund stehende Grundgedanke, eines nach Gewinnmaximierung strebenden kapitalistisch agierenden privaten Unternehmers, welcher seine Arbeitnehmer grundsätzlich auszubeuten versucht[56], ist jedoch im Bereich der öffentlichen Verwaltung so nicht denkbar. Jedoch besteht auch hier das Ziel der Stärkung der Stellung der Mitarbeiter[57] gegenüber der Dienststellenleitung, um die Interessen der Mitarbeiter gegenüber der Dienststellenleitung zu vertreten und somit im Ergebnis eine partnerschaftliche Mitwirkung der Mitarbeiter am Geschehen in der Dienststelle zu erreichen.

aa) Allgemeine Aufgaben

Der Personalrat hat dabei folgende allgemeine Aufgaben wahrzunehmen:

- Maßnahmen, die der Dienststelle und ihren Angehörigen dienen, zu beantragen (§ 68 I Nr.1 BPersVG);
- darüber zu wachen, dass die zugunsten der Beschäftigten geltenden Gesetze Verordnungen, Tarifverträge,

---

[55] Hueck-Nipperdey, 2.Bd. § 51, S.673.
[56] Hoyningen-Huene, Betriebsverfassungsrecht, S.12.
[57] Nichtamtlicher allg. Überbegriff für die Beamten und die Beschäftigten (bis zur Einführung des TV-L, TvöD Trennung von Angestellten und Arbeitern).

Dienstvereinbarungen und Verwaltungsanordnungen durchgeführt werden (§ 68 I Nr.2 BPersVG);

- Anregungen und Beschwerden von Beschäftigten entgegenzunehmen und, falls sie berechtigt erscheinen, durch Verhandlung mit dem Leiter der Dienststelle auf ihre Erledigung hinzuwirken (§ 68 I Nr.3 BPersVG);

- die Eingliederung und berufliche Entwicklung Schwerbeschädigter und sonstiger schutzbedürftiger, insbesondere älterer Personen zu fördern (§ 68 I Nr.4 BPersVG);

- Maßnahmen zur beruflichen Förderung Schwerbeschädigter zu beantragen (§ 68 I Nr.5 BPersVG);

- die Durchsetzung der tatsächlichen Gleichberechtigung von Frauen und Männern insbesondere bei der Einstellung, Beschäftigung, Aus-, Fort- und Weiterbildung und dem beruflichen Aufstieg, zu fördern (§ 68 I Nr.5a BPersVG);

- die Eingliederung ausländischer Beschäftigter in die Dienststelle und das Verständnis zwischen ihnen und den deutschen Beschäftigten zu fördern (§ 68 I Nr.6 BPersVG);

- mit der Jugend- und Auszubildendenvertretung zur Förderung derer Belange eng zusammenzuarbeiten (§ 68 I Nr.7 BPersVG).

Um diese allgemeinen Aufgaben wahrnehmen zu können, ist die Personalvertretung rechtzeitig und umfassend zu informieren und ihr die erforderlichen Unterlagen vorzulegen, wobei Personalakten nur mit Zustimmung des jeweils Betroffenen vorgelegt werden dürfen (§ 68 Abs.2 BPersVG).

Die Personalvertretung hat sich außerdem für die Vereinigungsfreiheit der Mitarbeiter einzusetzen (§ 67 III BPersVG) und gemeinsam mit der Dienststellenleitung darauf zu achten, dass keine Mitarbeiter diskriminiert werden (§ 67 I BPersVG).

Darüber hinaus stehen der Personalvertretung auch noch einzelne Teilnahmerechte zu. Ein Mitglied des Personalrates kann insoweit an Prüfungen, die eine Dienststelle von den Beschäftigten ihres Bereiches abnimmt, beratend teilnehmen (§ 80 BPersVG). Außerdem hat der Personalrat bei der Bekämpfung von Unfall- und Gesundheitsgefahren die für den Arbeitsschutz zuständigen Behörden, die Träger der gesetzlichen Unfallversicherung und die übrigen Stellen durch Anregung, Beratung und Auskunft zu unterstützen und sich allgemein für den Arbeitsschutz und den Unfallschutz in der Dienststelle einzusetzen (§ 81 I BPersVG), sowie an den Besprechungen des Dienststellenleiters mit dem Sicherheitsbeauftragten durch die Entsendung eines beauftragten Personalratsmitgliedes teilzunehmen (§ 81 III BPersVG). Dem Personalrat sind die einschlägigen Auflagen und Anordnungen für den Arbeitsschutz und die Unfallverhütung mitzuteilen und die Niederschriften über Untersuchungen, Besichtigungen, Besprechungen und Unfallanzeigen auszuhändigen (§ 81 IV, V BPersVG).

bb) Beteiligungsrechte

Neben der Wahrnehmung dieser allgemeinen Aufgaben ist der Personalrat auch an bestimmten Entscheidung der Dienststellenleitung in personellen, sozialen, organisatorischen und einigen anderen Angelegenheiten förmlich zu beteiligen[58].

- **Mitbestimmungsrecht**
  (Maßnahme darf grundsätzlich nur mit Zustimmung des Personalrats durchgeführt werden)
- **Mitwirkungsrecht**
  (die Dienststelle muss die Angelegenheit mit der Personalvertretung erörtern)
- **Anhörungsrecht**
  (die Personalvertretung kann gegen eine beabsichtigte Maßnahme Bedenken äußern -> die Verwaltung muss dazu Stellung beziehen)

Das BPersVG sieht mit der Mitbestimmung, der Mitwirkung und der Anhörung drei unterschiedlich stark ausgeprägte Beteiligungsrechte des Personalrates vor. Welche Maßnahmen der Dienststellenleitung der Beteiligung der Personalvertretung unterliegen, wird hauptsächlich in umfangreichen Katalogen teilweise getrennt für die Gruppen der Beamten und der Angestellten geregelt (vgl. §§ 75ff. BPersVG). Das Beteiligungsverfahren ist dabei auf einen Konsens zwischen Dienststellenleitung und Personalvertretung angelegt.

---

[58] Vgl. Kapitel 5, Dritter Abschnitt des BPersVG im Vergleich zum Ersten Abschnitt des Kapitel 5.

aaa) Mitbestimmungsrecht

Bei der Beteiligungsform der Mitbestimmung darf eine Maßnahme der Dienststellenleitung grundsätzlich nur mit Zustimmung des Personalrates (§ 69 I BPersVG); eine Maßnahme der Personalvertretung nur mit Zustimmung der Dienststellenleitung (§ 70 BPersVG) durchgeführt werden.

aaaa) Verfahren

Dabei wird zwischen „voller Mitbestimmung" und „eingeschränkter Mitbestimmung" des Personalrates differenziert. Die Dienststellenleitung muss grundsätzlich den Personalrat von der geplanten Maßnahme unterrichten und dessen Zustimmung beantragen.

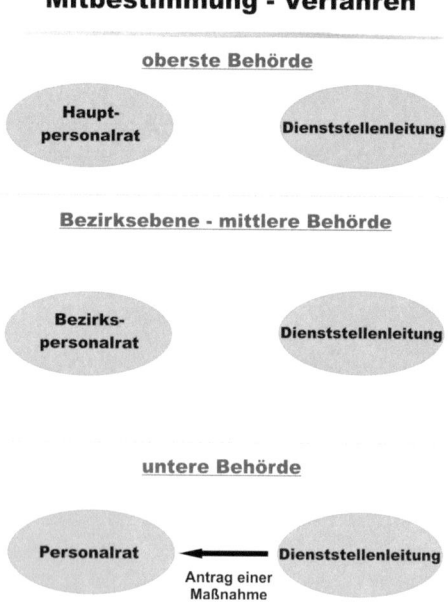

Mitbestimmung - Verfahren

oberste Behörde

Haupt-personalrat   Dienststellenleitung

Bezirksebene - mittlere Behörde

Bezirks-personalrat   Dienststellenleitung

untere Behörde

Personalrat ◄— Dienststellenleitung
Antrag einer Maßnahme

Dabei ist der Beschluss des Personalrates der Dienststellenleitung grundsätzlich binnen zehn Arbeitstagen mitzuteilen, wobei in dringenden Fällen diese Frist auf drei Arbeitstage verkürzt werden kann.

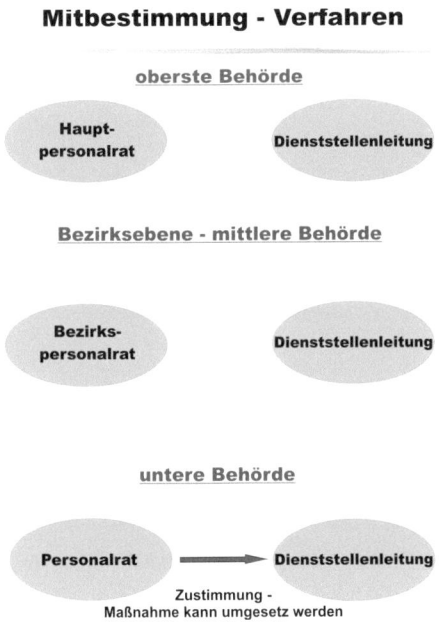

Mitbestimmung - Verfahren

oberste Behörde

Haupt-personalrat   Dienststellenleitung

Bezirksebene - mittlere Behörde

Bezirks-personalrat   Dienststellenleitung

untere Behörde

Personalrat ➤ Dienststellenleitung
Zustimmung -
Maßnahme kann umgesetz werden

Sofern der Personalrat nicht innerhalb der genannten Frist die Zustimmung unter Angabe der Gründe schriftlich verweigert, gilt die Maßnahme der Dienststelle als gebilligt (§ 69 II BPersVG).

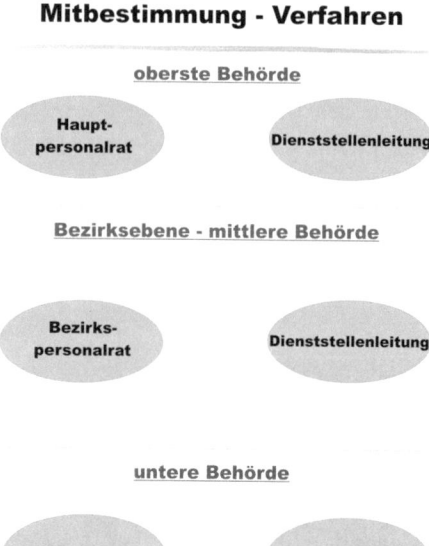

Mitbestimmung - Verfahren

oberste Behörde

Haupt-personalrat   Dienststellenleitung

Bezirksebene - mittlere Behörde

Bezirks-personalrat   Dienststellenleitung

untere Behörde

Personalrat ——————▶ Dienststellenleitung

Ablehnung -
Maßnahme kann nicht umgesetzt werden

Verweigert hingegen der Personalrat die Zustimmung, so können beide Seiten die Angelegenheit innerhalb von sechs Arbeitstagen auf dem Dienstweg der Personalvertretung der übergeordneten Dienststelle vorlegen, sofern eine Stufenvertretung[59] besteht[60].

---

[59] Stufenvertretungen werden bei mehrstufigen Verwaltungen gebildet (z.B. Bezirkspersonalräte, Hauptpersonalräte); vgl. §§ 53f. BPersVG.

[60] In Körperschaften, Anstalten oder Stiftungen des öffentlichen Rechtes ist als oberste Dienstbehörde das in ihrer Verfassung für die Geschäftsführung vorgesehene oberste Organ anzurufen, § 69 III 2 BPersVG.

Mitbestimmung - Verfahren

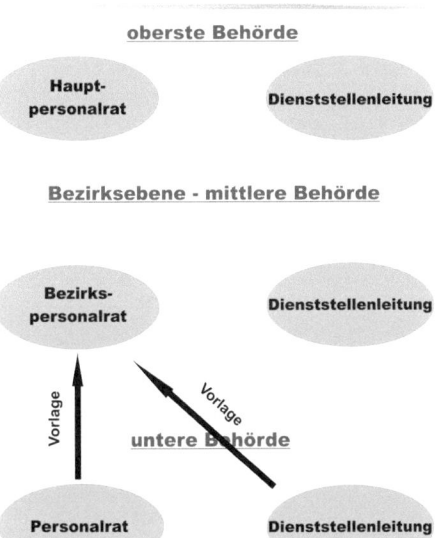

Sofern die zuständige Personalvertretung der mittleren Dienststelle (Bezirkspersonalvertretung) nach einer Erörterung mit der mittleren Dienststelle die Zustimmung ebenfalls verweigert, kann die Bezirkspersonalvertretung oder die mittlere Dienststelle die Angelegenheit der zuständigen Personalvertretung der obersten Dienststelle (Hauptpersonalvertretung) vorlegen.

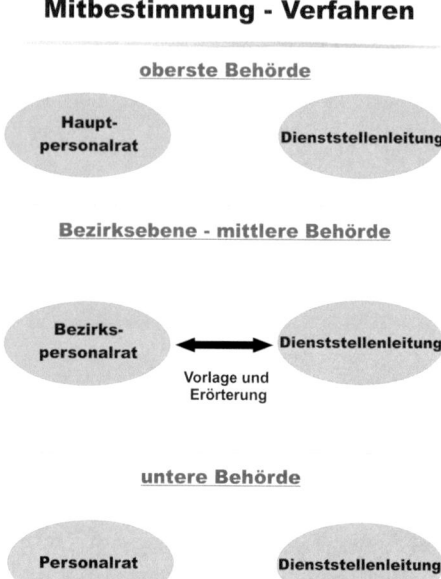

Mitbestimmung - Verfahren

oberste Behörde

Haupt-personalrat

Dienststellenleitung

Bezirksebene - mittlere Behörde

Bezirks-personalrat

Dienststellenleitung

Vorlage und Erörterung

untere Behörde

Personalrat

Dienststellenleitung

Verweigert diese nach einer Erörterung mit der obersten Dienststelle ebenfalls die Zustimmung, so entscheidet -bei Angelegenheiten, die der vollen Mitbestimmung unterfallen- die bei der obersten Dienststelle gebildete Einigungsstelle[61] binnen zwei Monaten in nicht öffentlicher Verhandlung durch Beschluss abschließend (§ 71 II, III BPersVG).

---

[61] Die Einigungsstelle besteht aus einem unparteiischen Vorsitzenden und sechs Beisitzern (3 von der obersten Dienststelle und 3 von der Personalvertretung bestellte Personen, die sich auf einen unparteiischen Vorsitzenden geeinigt haben), vgl. § 71 I 2 BPersVG.

Mitbestimmung - Verfahren

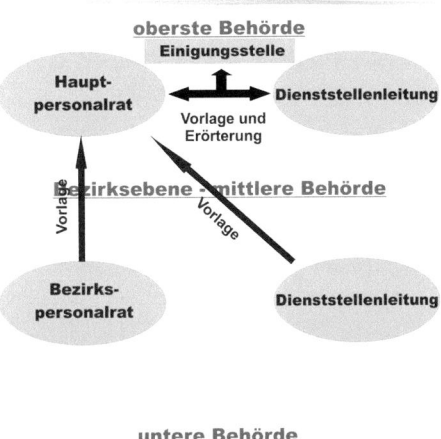

Dabei ist jedoch nach Beschluss des BVerfG vom 24.05.1995 fraglich, ob die Letztentscheidungskompetenz der Einigungsstelle verfassungskonform ist[62].

In den Fällen, in denen der Personalrat seine Zustimmung nur unter engen Voraussetzungen verweigern darf (vgl. § 77 II i.V.m. §§ 75 I und 76 I BPersVG) prüft die Einigungsstelle lediglich, ob ein Grund für die Verweigerung i.S.d. § 77 II BPersVG vorlag.

Bei Personalangelegenheiten der Gruppe der Beamten i.S.d. §§ 76, 85 I Nr.7 BPersVG besteht hingegen nur eine „eingeschränkte Mitbestimmung"[63]. Hier gibt die Einigungsstelle lediglich eine Empfehlung an die oberste Dienststelle ab, sofern sich die

---

[62] Vgl. dazu Rechtsentwicklung unter Gliederungspunkt C).
[63] Fischer/Goeres, Personalvertretungsrecht, § 69 Rn.22.

Einigungsstelle nicht der Auffassung der obersten Dienststelle anschließt. Die Entscheidung trifft dann endgültig die oberste Dienststelle (§ 69 IV 4 BPersVG) und erteilt der unteren Dienststelle eine Weisung.

Dem Personalrat hingegen steht ein unterschiedlich stark ausgeprägtes Antragsrecht zu. Bei organisatorischen und sonstigen Betriebsangelegenheiten, die nach § 75 III Nr.1 bis 6 und Nr.11 bis 17 BPersVG der Mitbestimmung des Personalrates unterfallen, hat der Personalrat ein volles Antragsrecht nach § 70 I BPersVG, welches in seiner Wirkung und in der Ausgestaltung des Verfahrens der vollen Mitbestimmung entspricht[64]. Bei Dissens zwischen der obersten Dienststelle und dem dortigen Personalrat entscheidet damit die Einigungsstelle endgültig[65].

Bei allen anderen mitbestimmungsbedürftigen Angelegenheiten besteht hingegen nur ein qualifiziertes Anregungsrecht[66]. Stimmt die Dienststellenleitung dem Antrag der Personalvertretung nicht zu, so kann der Personalrat das Stufenverfahren einleiten und die endgültige Entscheidung der obersten Dienstbehörde herbeiführen (§ 70 II BPersVG).

Die Dienststellenleitung kann generell bei dringenden Maßnahmen, die keinen Aufschub dulden, abweichend vorläufige Regelungen bis zur endgültigen Entscheidung treffen (§ 69 V BPersVG).

Eine Verletzung oder Missachtung der Mitbestimmungsrechte durch die Dienststellenleitung führt grundsätzlich zur Fehlerhaftigkeit der

---

[64] Fischer/Goeres, Personalvertretungsrecht, § 70 Rn.5.
[65] Entspricht die Dienststellenleitung diesem Antrag nicht, so wird der Antrag der obersten Dienstbehörde vorgelegt, die entweder mit der dortigen Personalvertretung darüber entscheidet oder die Maßnahme der Einigungsstelle zur Entscheidung vorlegt, § 70 I i.V.m. § 69 III, IV BPersVG.
[66] Auch eingeschränktes Antragsrecht genannt.

beabsichtigten Maßnahme. Die Fehlerhaftigkeit führt jedoch nach ständiger Rechtsprechung grundsätzlich nur dann zur Unwirksamkeit, wenn die Maßnahme für den Arbeitnehmer negative Auswirkungen hat, andernfalls ist sie wirksam[67]. Personalangelegenheiten der Beamten, die ohne Zustimmung des Personalrats durchgeführt worden sind, bleiben grundsätzlich wirksam, da nur der betroffene Beamte diese Fehlerhaftigkeit mit einer Anfechtungsklage angreifen kann[68]. Hingegen bleiben Verfahrensfehler der Personalvertretung (z.B. Verkennung des Gruppenprinzips bei der Beschlussfassung) grundsätzlich ohne Auswirkung auf die Maßnahme[69].

(bbbb) Dienstvereinbarungen

Neben den einzelfallbezogenen Mitbestimmungsrechten in personellen und sozialen Angelegenheiten hat der Personalrat bei organisatorischen und sonstigen Betriebsangelegenheiten i.S.d. §§ 75 III, 76 II BPersVG ein Wahlrecht. Bei den in den Katalogen der §§ 75 III, 76 II BPersVG genannten organisatorischen und sonstigen Angelegenheiten kann der Personalrat sein Mitbestimmungsrecht entsprechend der Mitbestimmung in personellen und sozialen Angelegenheiten durch Beteiligung an einer von der Dienststelle beabsichtigten Einzelfallentscheidung i.S.d. § 69 BPersVG ausüben oder diese Angelegenheiten generell durch Aufstellung von Dienstvereinbarungen mit der Dienststellenleitung i.S.d. § 73 BPersVG regeln. Der Personalrat hat diesbezüglich ein volles

---

[67] BAG GS DB 1987, 383 (388); BAG DB 1988, 1167; umstr. in der Literatur, vgl. dazu die Übersicht der vertretenen Meinungen in: Fischer/Goeres, § 69 Rn.38b.
[68] Fischer/Goeres, Personalvertretungsrecht, § 69 Rn.39a,b.
[69] Vgl. BAG NJW 2003, 927.

Mitbestimmungsrecht i.S.d. § 69 IV 1, 71 IV 2 BPersVG[70], sofern keine gegensätzliche tarifliche oder gesetzliche Regelung besteht.

Dienstvereinbarungen sind Verträge zwischen der Personalvertretung und der Dienststellenleitung und gelten –anders als die Betriebsvereinbarungen nach dem BetrVG- für alle beschäftigten Mitarbeiter (Beamte und Angestellte) unabhängig einer gewerkschaftlichen Zugehörigkeit gleichermaßen. Hier hat das BVerwG[71] entgegen der vorherrschenden Ansicht in der Literatur[72] klar gestellt, dass die Kataloge der §§ 75 III, 76 II BPersVG grundsätzlich sowohl für Angestellte und Beamte gelten, sofern nicht „nach der Natur der Sache" nur eine Gruppe betroffen sein kann[73]. Sind alle Gruppen betroffen[74], so wird vom gesamten Personalrat darüber entschieden.

(cccc) Angelegenheiten der Mitbestimmung

Der Personalrat hat Mitbestimmungsrechte bei sozialen, personellen und organisatorischen-sonstigen Betriebsangelegenheiten.

- Mitbestimmung in Personalangelegenheiten der Arbeitnehmer- § 75 I

- Mitbestimmung in Personalangelegenheiten der Beamten - § 76 I (Verweigerung nur bei Vorliegen besonderer Gründe (§ 77 II) mgl.)

---

[70] Fischer/Goeres, Personalvertretungsrecht, § 75 Rn.70.
[71] BVerwG PersV 2008, 342.
[72] Ilbertz/Grabendorff/Widmaier, BPersVG, § 75 Rn.74; § 76 Rn.23; Altvater, BPersVG, § 38 Rn. 8a.
[73] Fischer/Goeres, Personalvertretungsrecht, § 75 Rn.72; vgl. dazu auch BVerwG Beschluss vom 21.12.1984, Az.: 6 P 35.82.
[74] z.B. bei § 76 II Nr.1 bis 4 BPersVG.

- Mitbestimmung in sozialen Angelegenheiten der Beschäftigten - § 75 II

- Mitbestimmung in organisatorischen/sonstigen Angelegenheiten der Beschäftigten (sofern „nach der Natur der Sache" auf beide anwendbar) - §§ 75 III, 76 II (Dienstvereinbarungen möglich)

Sowohl die Mitbestimmungsrechte bei personellen Angelegenheiten[75], als auch teilweise die organisatorischen-sonstigen Betriebsangelegenheiten[76][77], sind für die Gruppen der Arbeitnehmer und Beamten unterschiedlich ausgestaltet.

So hat der Personalrat bei personellen Angelegenheiten der Arbeitnehmer u.a. ein Mitbestimmungsrecht bei Einstellung, Eingruppierung[78], Versetzung, Umsetzung, Abordnung, Weiterbeschäftigung über die Altersgrenze hinaus, Zuweisungen, Versagung und Widerruf der Genehmigung einer Nebentätigkeit, sowie Anordnungen, welche die Freiheit in der Wahl der Wohnung beschränken (§ 75 I BPersVG).

Die Mitbestimmungsrechte in Personalangelegenheiten der Beamten entsprechen dabei in etwa denen der Arbeitnehmer. Jedoch hat der Personalrat lediglich ein eingeschränktes Mitbestimmungsrecht bei Angelegenheiten der Einstellung, Anstellung, Beförderung, Übertragung von Ämtern mit höherem Endgrundgehalt, Laufbahnwechsel, Wechsel der Laufbahngruppe, Übertragung einer anders bewerteten Tätigkeit, Versetzung, Anordnungen, Zuweisungen,

---

[75] Vgl. § 75 I BPersVG mit § 76 I BPersVG.
[76] Vgl. BVerwG, Beschluss vom 16.4.2008, Az.: 6 P 8.07 in PersV 2008, 342), wonach das BPersVG dem Gruppenprinzip in Bezug auf § 75 III BPersVG widersprochen hat.
[77] Vgl. § 75 III BPersVG mit 76 II BPersVG.
[78] Das Mitbestimmungsrecht umfasst neben der Eingruppierung neu eingestellter Arbeitnehmer auch die Zuordnung zu den Stufen nach der Entgelttabelle des TV-L, BVerwG, Beschluss vom 27.08.2008, Az.: 6 P 11.07.

Anordnungen, welche die Freiheit in der Wahl der Wohnung beschränken, Versagung oder Widerruf der Genehmigung einer Nebentätigkeit, Ablehnung auf Teilzeitbeschäftigung, Ablehnung der Teilzeitbeschäftigung zur Ausübung der Pflege nach § 92 BBG, Ermäßigung der regelmäßigen Arbeitszeit oder Urlaub, sowie das Hinausschieben des Eintritts des Ruhestandes wegen Erreichens der Altersgrenze (§ 76 I BPersVG).

Gegenstände von Dienstvereinbarungen können u.a. Regelungen über die Verteilung der wöchentlichen Arbeitszeit, Modalitäten über die Auszahlung der Dienstbezüge, Aufstellung von Urlaubsplänen, Fragen der Lohngestaltung u.a. im Zusammenhang mit leistungsbezogenen Entgelten innerhalb der Dienststelle, Durchführung von Berufsaus- und fortbildung, Inhalte von Personalfragebögen, Beurteilungsrichtlinien, Bestellung von Vertrauens- und Betriebsärzten, Arbeitsschutzmaßnahmen, Arbeitsplatzgestaltung, Aufstellung von Sozialplänen und Aufstellung von Verhaltensgrundsätzen[79], sowie Maßnahmen zur Hebung der Arbeitsleistung und Erleichterung des Arbeitsablaufs, Einführung grundlegend neuer Arbeitsmethoden, Richtlinien über die personelle Auswahl bei Einstellungen, Versetzungen, Umgruppierungen und Kündigungen, Geltendmachung von Ersatzansprüchen gegen Beschäftigte und Maßnahmen zur Durchsetzung der Gleichberechtigung von Frauen und Männern[80].

---

[79] Katalog des § 75 III BPersVG hier nicht abschließend wiedergegeben.
[80] Katalog des § 76 II BPersVG, deren Maßnahmen überwiegend entsprechend auch auf Arbeitnehmer anwendbar ist.

bbb) Mitwirkungsrecht

(aaaa) Verfahren

Einerseits ist das Mitwirkungsrecht im Vergleich zum Mitbestimmungsrecht schwächer ausgestaltet, da dem Personalrat kein faktisches „Vetorecht" zusteht. Andererseits geht es über ein bloßes Anhörungsrecht hinaus.

Die Dienststellenleitung muss die in den abschließenden Katalogen der §§ 78 I, 79 I BPersVG bezeichneten mitwirkungsbedürftigen Maßnahmen vor der beabsichtigten Durchführung „mit dem Ziel einer Verständigung rechtzeitig und eingehend..." mit dem Personalrat ernsthaft[81] erörtern (§ 72 I BPersVG). Jedoch ist die Dienststellenleitung hinsichtlich der Umsetzung der Maßnahme nicht auf eine Zustimmung der Personalvertretung angewiesen.

Die Erörterung hat dabei als Ziel die Verständigung zwischen Personalrat und Dienststellenleitung, damit grundsätzlich eine beabsichtigte Maßnahme einvernehmlich getroffen und umgesetzt werden kann.

Sofern sich der Personalrat nicht innerhalb von zehn Tagen zu den Maßnahmen äußert oder seine Einwendungen bzw. Vorschläge bei der Erörterung mit der Dienststellenleitung nicht aufrecht erhält, so gilt die mitwirkungsbedürftige Maßnahme als gebilligt.

Anderenfalls hat der Personalrat seine Ablehnungsgründe schriftlich der Dienststellenleitung mitzuteilen (§ 72 II BPersVG)[82].

Die Dienststellenleitung muss sich nun inhaltlich mit dem ablehnenden Votum des Personalrats auseinandersetzen. Entspricht

---

[81] Vgl. BVerwG PersV 1990, 225.
[82] Jedoch ist der Personalrat bei der Mitwirkung bei einer ordentlichen Kündigung durch den Arbeitgeber ausnahmsweise hinsichtlich der Einwendungen auf den Katalog des § 79 I 3 BPersVG beschränkt.

die Dienststelle dem Votum des Personalrats, so wird die beabsichtigte Maßnahme nicht oder nicht im vollem Umfang umgesetzt. Andernfalls hat die Dienststellenleitung ihre Entscheidung dem Personalrat schriftlich unter Angabe der Gründe mitzuteilen (§ 72 III BPersVG).

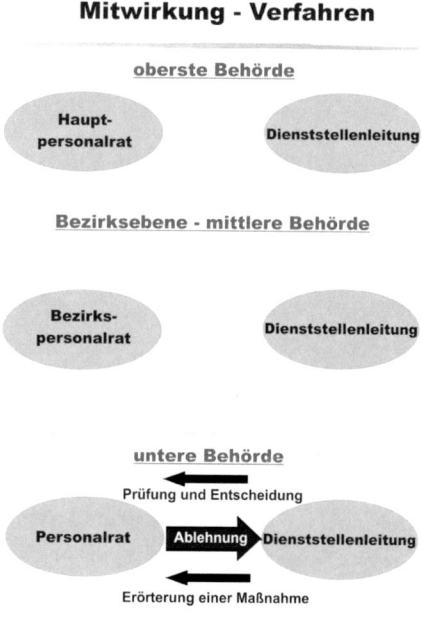

Mitwirkung - Verfahren

oberste Behörde

Haupt-personalrat

Dienststellenleitung

Bezirksebene - mittlere Behörde

Bezirks-personalrat

Dienststellenleitung

untere Behörde

Prüfung und Entscheidung

Personalrat | Ablehnung | Dienststellenleitung

Erörterung einer Maßnahme

Um die Umsetzung der Maßnahme der Dienststellenleitung noch verhindern zu können[83], kann die Personalvertretung - sofern eine Stufenvertretung besteht[84]- nun innerhalb drei Arbeitstagen nach Zugang dieser Mitteilung auf dem Dienstwege die streitige Angelegenheit der übergeordneten Dienststelle (auf Bezirksebene)

---

[83] Ergibt sich aus § 72 V BPersVG, wonach die beabsichtigte Maßnahme bis zur Entscheidung der angerufenen Dienststelle auszusetzen ist.
[84] Besteht hingegen keine Stufenvertretung, so ist das Verfahren abgeschlossen. Die Dienststellenleitung kann die Maßnahme umsetzen.

vorlegen. Diese entscheidet mit der bei ihr bestehenden Personalvertretung.

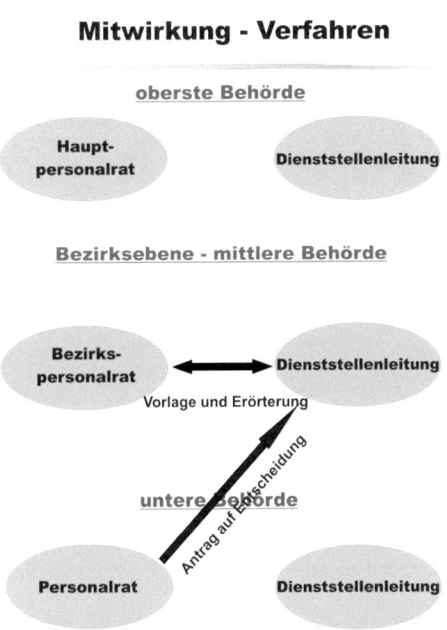

Mitwirkung - Verfahren

oberste Behörde

Haupt-personalrat

Dienststellenleitung

Bezirksebene - mittlere Behörde

Bezirks-personalrat

Dienststellenleitung

Vorlage und Erörterung

Antrag auf Entscheidung

untere Behörde

Personalrat

Dienststellenleitung

Sollte auch hier keine Einigung zwischen Dienststellenleitung und Bezirkspersonalrat erzielt werden, so kann die Personalvertretung der übergeordneten Dienstelle ihrerseits binnen drei Arbeitstagen nach Zugang der Mitteilung die Angelegenheit der obersten Dienstbehörde -bei der ein Hauptpersonalrat besteht- zur Entscheidung vorlegen[85]. Sofern auch auf dieser Ebene keine Einigung mit dem Hauptpersonalrat erzielt werden kann, so ist die von der obersten Dienstbehörde zu treffende Entscheidung abschließend.

---

[85] Fischer/Goeres, BPersVG, § 72 Rn.19.

Mitwirkung - Verfahren

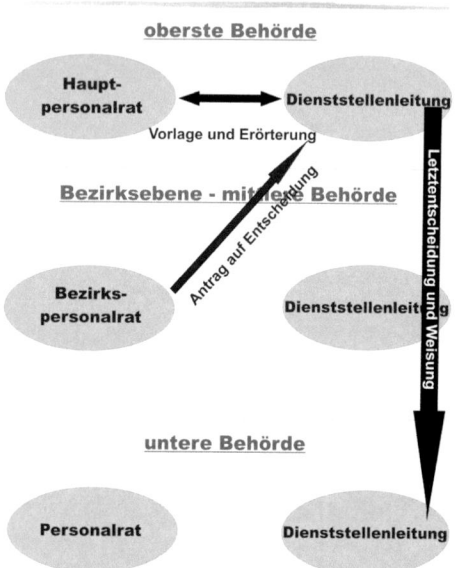

Bis zur abschließenden Entscheidung der angerufenen Dienststelle ist die Maßnahme auszusetzen (§ 72 V BPersVG).

Abweichend dazu gelten bei der Mitwirkung des Personalrates im Bezug auf Personalangelegenheiten der Beamten einige besondere Verfahrensregelungen. Die Mitwirkung des Personalrates findet dabei nur dann statt, sofern der betroffene Beamte die Beteiligung des Personalrats beantragt hat (§ 78 II 2, 1.Hs. BPersVG)[86].

Hingegen findet die Mitwirkung des Personalrats bei Personalangelegenheiten von höherrangigen Beamten ab

---

[86] Dazu ist der betroffene Beamte von der beabsichtigten Maßnahme der Dienststellenleitung rechtzeitig in Kenntnis zu setzen, § 78 II 2, 2.Hs. BPerVG.

Besoldungsgruppe A16 aufwärts und bei den in § 54 I BBG bezeichneten sog. politischen Beamten gar nicht statt.

Die Folgen der Nichtbeachtung des Mitwirkungsverfahrens können ebenfalls unterschiedlich sein. Sofern es sich um eine Mitwirkung bei einer Kündigung handelt, ist die Kündigung gemäß § 79 IV BPersVG ausdrücklich unwirksam. Die anderen Mitwirkungsangelegenheiten sind zunächst grundsätzlich wirksam und für die Beschäftigten zunächst verbindlich, können jedoch ggf. angefochten werden[87].

bbbb) Angelegenheiten der Mitwirkung

Die der Mitwirkung unterfallenden Angelegenheiten ergeben sich aus dem abschließenden Katalog der §§ 78 I, 79 I BPersVG. Danach besteht grundsätzlich die Mitwirkung des Personalrates bei Vorbereitung von Verwaltungsanordnungen einer Dienststelle für die innerdienstlichen, sozialen und persönlichen Angelegenheiten der Beschäftigten ihres Geschäftsbereiches (§ 78 I Nr.1 BPersVG); bei Auflösung, Einschränkung, Verlegung oder Zusammenlegung von Dienststellen oder wesentlichen Teilen von ihnen (§ 78 I Nr.2 BPersVG); bei Erhebung von Disziplinarklage gegen einen Beamten (§ 78 I Nr.3 BPersVG); bei Entlassung von Beamten auf Probe oder auf Widerruf, sofern sie die Entlassung nicht selbst beantragt haben (§ 78 I Nr.4 BPersVG); bei vorzeitiger Versetzung in den Ruhestand (§ 78 I Nr.5 BPersVG) und bei einer ordentlichen Kündigung durch den Arbeitgeber (§ 79 I 1 BPersVG).

Hinsichtlich der ordentlichen Kündigung durch den Arbeitgeber ist der Personalrat bei der Geltendmachung seiner Einwendungen

---

[87] Vgl. dazu Fischer/Goeres, BPersVG, § 72 Rn.24.

ausnahmsweise nicht frei, sondern an die katalogisierten Tatbestände des § 79 I 3 BPersV gebunden.

ccc) Anhörungsrecht

Das Anhörungsrecht ist das schwächste Beteiligungsrecht der Personalvertretung, dem nur eine untergeordnete Bedeutung zukommt[88].

Bei Maßnahmen, die der Anhörung des Personalrates bedürfen, muss die Dienststellenleitung die Personalvertretung rechtzeitig unterrichten. Der Personalrat kann seine Bedenken hinsichtlich der beabsichtigten Maßnahme gegenüber der Dienststellenleitung äußern, zu der die Dienststellenleitung Stellung nehmen muss. Einer Einigung zwischen Dienststellenleitung und Personalvertretung bedarf es hingegen nicht.

Ein Anhörungsrecht des Personalrats besteht abschließend bei der Weiterleitung von Personalanforderungen zum Haushaltsvoranschlag (§ 78 III 1 BPersVG); bei Neu,- Um- und Erweiterungsbauten von Diensträumen (§ 78 IV BPersVG) und bei grundlegenden Änderungen von Arbeitsverfahren und Arbeitsabläufen (78 V BPersVG); sowie bei fristlosen Entlassungen und außerordentlichen Kündigungen (§ 79 III BPersVG)[89].

---

[88] Das Anhörungsrecht steht in Konkurrenz zum Mitbestimmungsrecht bei grundlegenden Änderungen von Arbeitsabläufen und Arbeitsverfahren i.S.v. § 76 II Nr.7 BPersVG.

[89] Dabei hat der Dienststellenleiter die beabsichtigte Maßnahme zu begründen. Der Personalrat kann binnen drei Arbeitstagen seine Bedenken schriftlich gegenüber dem Dienststellenleiter äußern (§ 79 III 3 BPersVG).

Eine unterlassene Anhörung der Personalvertretung stellt zwar einen Verfahrensverstoß dar, jedoch hat dieser Verstoß grundsätzlich keine Auswirkung auf die Wirksamkeit der betroffenen Maßnahme[90].

Etwas anderes gilt nur bei einer unterlassenen Anhörung bei einer Kündigung[91], die zur Unwirksamkeit der Kündigung führt (§ 79 IV BPersVG).

i) Sondervertretungen

Neben dem Personalrat kann es in den Dienststellen noch Sondervertretungen geben. Dazu zählen die Jugend- und Auszubildendenvertretung, die Vertretung der nichtständigen Beschäftigten sowie die Schwerbehindertenvertretung. Letztere ist jedoch keine Untergliederung des Personalrats. Sie stellt vielmehr eine neben dem Personalrat stehende unabhängige Sondereinrichtung mit eigenen Rechten und Pflichten aus dem SGB IX zur Wahrung der Interessen der schwer behinderten Menschen dar.

Jugend- und Auszubildendenvertretungen werden in Dienststellen gebildet, bei denen Personalvertretungen bestehen und denen in der Regel mindestens fünf Beschäftigte angehören, die das 18. Lebensjahr noch nicht vollendet haben oder die sich in einer beruflichen Ausbildung befinden und das 25. Lebensjahr noch nicht vollendet haben (§ 57 BPersVG). Wahlberechtigt sind alle o.g. Beschäftigten, welche ausschließlich des Wahlmindestalters alle sonstigen Wahlfähigkeitsvoraussetzungen entsprechend § 13 I BPersVG erfüllen. Wählbar sind hingegen die Beschäftigten, die am Wahltage

---

[90] Ilbertz/Widmaier, Bundespersonalvertretung, § 78, Rn.27.
[91] Dies betrifft die ordentliche und die außerordentliche Kündigung gleichermaßen, da § 79 IV BPersVG von „Beteiligung" und nicht nur von Anhörung spricht und damit sowohl die Mitwirkung als auch die Anhörung als Beteiligungsform umfasst.

noch nicht das 26.Lebensjahr vollendet haben (§ 58 I, II BPersVG). Die Anzahl der Vertreter richtet sich nach der Anzahl der jugendlichen Beschäftigten und der Auszubildenden (§ 59 I BPersVG), wobei sich die Vertretung aus Vertretern der verschiedenen Beschäftigungsarten (Auszubildende/jugendliche Beschäftigte) sowie entsprechend dem Zahlenverhältnis der Geschlechter zusammensetzen soll (§ 59 II, III BPersVG). Diese Vertretung vertritt die Belange der Jugendlichen und Auszubildenden[92] und arbeitet diesbezüglich mit dem Personalrat zusammen. An den jeweiligen Sitzungen können Vertreter des jeweils anderen Gremiums beratend teilnehmen (§§ 34 II 4, 61 V BPersVG. Bei Angelegenheiten, die Beschäftigte in Ausbildung betreffen, kann in der Regel die gesamte Jugend- und Auszubildendenvertretung an den Personalratssitzungen teilnehmen und hat in den entsprechenden Angelegenheiten ein Stimmrecht. Daneben hat die Jugend- und Auszubildendenvertretung einmal im Kalenderjahr eine Jugend- und Ausbildendenversammlung durchzuführen (§ 63 BPersVG). Bei mehrstufigen Verwaltungen werden auch mehrstufige Jugend- und Ausbildendenvertretungen gebildet.

Die Vertretung der nichtständig Beschäftigten wird nach § 65 I BPersVG nur dann gebildet, wenn während der Amtszeit des Personalrates die Zahl der Beschäftigten vorübergehend um mehr als 20 Personen steigt, die voraussichtlich nur für einen Zeitraum von höchstens sechs Monaten beschäftigt werden. Die Anzahl der Vertreter richtet sich dabei ebenfalls an der Anzahl der nichtständig Beschäftigten und beträgt 1-3 Vertreter. Die Vertreter nehmen beratend an denjenigen Sitzungen des Personalrates teil, welche

---

[92] Vgl. Aufgabenkatalog des § 61 BPersVG.

besonders die Angelegenheiten der nichtständig Beschäftigten betreffen (§ 65 IV BPersVG).

j) Gerichtlicher Rechtschutz

Bei den Verwaltungsgerichten des ersten und zweiten Rechtszuges werden Sonderspruchkörper (Fachkammer, Fachsenat) gebildet (§ 84 I 1 BPersVG), die sachlich zuständig sind für Streitigkeiten über die Wahlberechtigung und Wählbarkeit der Personalräte; die Wahl und Amtszeit der im Bundespersonalvertretungsgesetz geregelten Sondervertretungen, sowie deren Zusammensetzung; der Zuständigkeit, Geschäftsführung und Rechtsstellung der Personalvertretungen und der o.g. Sondervertretungen sowie über das Bestehen oder Nichtbestehen von Dienstvereinbarungen (§ 83 BPersVG). Revisionsinstanz ist das BVerwG.

k) Sonstiges

Für Beschäftigte der Bundespolizei, des Polizeivollzugsdienstes, des Bundesnachrichtendienstes, des Bundesverfassungsschutzes, der bundesunmittelbare Körperschaften und Anstalten des öffentlichen Rechts, der Deutsche Bundesbank, der Rundfunkanstalt „Deutsche Welle"; der Dienststellen des Bundes im Ausland, im Geschäftsbetrieb des Bundesministeriums der Verteidigung gelten abweichende Regelungen (§§ 85ff. BPersVG).

Soweit an einer Angelegenheit eine Personalvertretung zu beteiligen ist, die als Verschlusssache mit mindestens des Geheimhaltungsgrades „VS-Vertraulich" eingestuft ist, tritt an die Stelle der Personalvertretung ein Ausschuss (§ 93 I BPersVG).

C) Das Bundespersonalvertretungsgesetz (BPersVG)

Erster Teil
Personalvertretungen im Bundesdienst
Erstes Kapitel
Allgemeine Vorschriften

§ 1

In den Verwaltungen des Bundes und der bundesunmittelbaren Körperschaften, Anstalten und Stiftungen des öffentlichen Rechts sowie in den Gerichten des Bundes werden Personalvertretungen gebildet. Zu den Verwaltungen im Sinne dieses Gesetzes gehören auch die Betriebsverwaltungen.

§ 2

(1) Dienststelle und Personalvertretung arbeiten unter Beachtung der Gesetze und Tarifverträge vertrauensvoll und im Zusammenwirken mit den in der Dienststelle vertretenen Gewerkschaften und Arbeitgebervereinigungen zum Wohle der Beschäftigten und zur Erfüllung der der Dienststelle obliegenden Aufgaben zusammen.

(2) Zur Wahrnehmung der in diesem Gesetz genannten Aufgaben und Befugnisse der in der Dienststelle vertretenen Gewerkschaften ist deren Beauftragten nach Unterrichtung des Dienststellenleiters oder seines Vertreters Zugang zu der Dienststelle zu gewähren, soweit dem nicht unumgängliche Notwendigkeiten des Dienstablaufs, zwingende Sicherheitsvorschriften oder der Schutz von Dienstgeheimnissen entgegenstehen.

(3) Die Aufgaben der Gewerkschaften und der Vereinigungen der Arbeitgeber, insbesondere die Wahrnehmung der Interessen ihrer Mitglieder, werden durch dieses Gesetz nicht berührt.

§ 3

Durch Tarifvertrag kann das Personalvertretungsrecht nicht abweichend von diesem Gesetz geregelt werden.

§ 4

(1) Beschäftigte im öffentlichen Dienst im Sinne dieses Gesetzes sind die Beamten und Arbeitnehmer einschließlich der zu ihrer Berufsausbildung Beschäftigten sowie Richter, die an eine der in § 1 genannten Verwaltungen oder zur Wahrnehmung einer nichtrichterlichen Tätigkeit an ein Gericht des Bundes abgeordnet sind.

(2) Wer Beamter ist, bestimmen die Beamtengesetze.

(3) Arbeitnehmer im Sinne dieses Gesetzes sind Beschäftigte, die nach dem für die Dienststelle maßgebenden Tarifvertrag oder nach der Dienstordnung Arbeitnehmer sind oder die als übertarifliche Arbeitnehmer beschäftigt werden. Als Arbeitnehmer gelten auch Beschäftigte, die sich in einer beruflichen Ausbildung befinden.

(4) (weggefallen)

(5) Als Beschäftigte im Sinne dieses Gesetzes gelten nicht
1. Personen, deren Beschäftigung überwiegend durch Beweggründe karitativer oder religiöser Art bestimmt ist,

2. Personen, die überwiegend zu ihrer Heilung, Wiedereingewöhnung, sittlichen Besserung oder Erziehung beschäftigt werden.

§ 5

Die Beamten und Arbeitnehmer bilden je eine Gruppe. Die in § 4 Abs. 1 bezeichneten Richter treten zur Gruppe der Beamten.

§ 6

(1) Dienststellen im Sinne dieses Gesetzes sind die einzelnen Behörden, Verwaltungsstellen und Betriebe der in § 1 genannten Verwaltungen sowie die Gerichte.

(2) Die einer Behörde der Mittelstufe unmittelbar nachgeordnete Behörde bildet mit den ihr nachgeordneten Stellen eine Dienststelle; dies gilt nicht, soweit auch die weiter nachgeordneten Stellen im Verwaltungsaufbau nach Aufgabenbereich und Organisation selbständig sind. Behörden der Mittelstufe im Sinne dieses Gesetzes sind die der obersten Dienstbehörde unmittelbar nachgeordneten Behörden, denen andere Dienststellen nachgeordnet sind.

(3) Nebenstellen und Teile einer Dienststelle, die räumlich weit von dieser entfernt liegen, gelten als selbständige Dienststellen, wenn die Mehrheit ihrer wahlberechtigten Beschäftigten dies in geheimer Abstimmung beschließt. Der Beschluss ist für die folgende Wahl und die Amtszeit der aus ihr hervorgehenden Personalvertretung wirksam.

(4) Bei gemeinsamen Dienststellen des Bundes und anderer Körperschaften gelten nur die im Bundesdienst Beschäftigten als zur Dienststelle gehörig.

§ 7

Für die Dienststelle handelt ihr Leiter. Er kann sich bei Verhinderung durch seinen ständigen Vertreter vertreten lassen. Bei obersten Dienstbehörden kann er auch den Leiter der Abteilung für Personal- und Verwaltungsangelegenheiten, bei Bundesoberbehörden ohne nachgeordnete Dienststellen und bei Behörden der Mittelstufe auch den jeweils entsprechenden Abteilungsleiter zu seinem Vertreter bestimmen. Das gleiche gilt für sonstige Beauftragte, sofern der Personalrat sich mit dieser Beauftragung einverstanden erklärt.

§ 8

Personen, die Aufgaben oder Befugnisse nach diesem Gesetz wahrnehmen, dürfen darin nicht behindert und wegen ihrer Tätigkeit nicht benachteiligt oder begünstigt werden; dies gilt auch für ihre berufliche Entwicklung.

§ 9

(1) Beabsichtigt der Arbeitgeber, einen in einem Berufsausbildungsverhältnis nach dem Berufsbildungsgesetz, dem Krankenpflegegesetz oder dem Hebammengesetz stehenden Beschäftigten (Auszubildenden), der Mitglied einer Personalvertretung oder der Jugend- und Auszubildendenvertretung ist, nach erfolgreicher Beendigung des Berufsausbildungsverhältnisses nicht in ein Arbeitsverhältnis auf unbestimmte Zeit zu übernehmen, so hat er dies drei Monate vor Beendigung des Berufsausbildungsverhältnisses dem Auszubildenden schriftlich mitzuteilen.

(2) Verlangt ein in Absatz 1 genannter Auszubildender innerhalb der letzten drei Monate vor Beendigung des Berufsausbildungsverhältnisses schriftlich vom Arbeitgeber seine Weiterbeschäftigung, so gilt zwischen dem Auszubildenden und dem Arbeitgeber im Anschluss an das erfolgreiche Berufsausbildungsverhältnis ein Arbeitsverhältnis auf unbestimmte Zeit als begründet.

(3) Die Absätze 1 und 2 gelten auch, wenn das Berufsausbildungsverhältnis vor Ablauf eines Jahres nach Beendigung der Amtszeit der Personalvertretung oder der Jugend- und Auszubildendenvertretung erfolgreich endet.

(4) Der Arbeitgeber kann spätestens bis zum Ablauf von zwei Wochen nach Beendigung des Berufsausbildungsverhältnisses beim Verwaltungsgericht beantragen,

1. festzustellen, dass ein Arbeitsverhältnis nach den Absätzen 2 oder 3 nicht begründet wird, oder

2. das bereits nach den Absätzen 2 oder 3 begründete Arbeitsverhältnis aufzulösen, wenn Tatsachen vorliegen, auf Grund derer dem Arbeitgeber unter Berücksichtigung aller Umstände die Weiterbeschäftigung nicht zugemutet werden kann. In dem Verfahren vor dem Verwaltungsgericht ist die Personalvertretung, bei einem Mitglied der Jugend- und Auszubildendenvertretung auch diese beteiligt.

(5) Die Absätze 2 bis 4 sind unabhängig davon anzuwenden, ob der Arbeitgeber seiner Mitteilungspflicht nach

Absatz 1 nachgekommen ist.

§ 10

(1) Personen, die Aufgaben oder Befugnisse nach diesem Gesetz wahrnehmen oder wahrgenommen haben, haben über die ihnen dabei bekanntgewordenen Angelegenheiten und Tatsachen Stillschweigen zu bewahren. Abgesehen von den Fällen des § 68 Abs. 2 Satz 3 und des § 93 gilt die Schweigepflicht nicht für Mitglieder der Personalvertretung und der Jugend- und Auszubildendenvertretung gegenüber den übrigen Mitgliedern der Vertretung und für die in Satz 1 bezeichneten Personen gegenüber der zuständigen Personalvertretung; sie entfällt ferner gegenüber der vorgesetzten Dienststelle, der bei ihr gebildeten Stufenvertretung und gegenüber dem Gesamtpersonalrat. Satz 2 gilt auch für die Anrufung der Einigungsstelle.

(2) Die Schweigepflicht besteht nicht für Angelegenheiten oder Tatsachen, die offenkundig sind oder ihrer Bedeutung nach keiner Geheimhaltung bedürfen.

§ 11

Erleidet ein Beamter anlässlich der Wahrnehmung von Rechten oder Erfüllung von Pflichten nach diesem Gesetz einen Unfall, der im Sinne der beamtenrechtlichen Unfallfürsorgevorschriften ein Dienstunfall wäre, so sind diese Vorschriften entsprechend anzuwenden.

Zweites Kapitel
Personalrat, Stufenvertretung, Gesamtpersonalrat, Personalversammlung
Erster Abschnitt
Wahl und Zusammensetzung des Personalrates

§ 12

(1) In allen Dienststellen, die in der Regel mindestens fünf Wahlberechtigte beschäftigen, von denen drei wählbar sind, werden Personalräte gebildet.

(2) Dienststellen, bei denen die Voraussetzungen des Absatzes 1 nicht gegeben sind, werden von der übergeordneten Dienststelle im Einvernehmen mit der Stufenvertretung einer benachbarten Dienststelle zugeteilt.

§ 13

(1) Wahlberechtigt sind alle Beschäftigten, die am Wahltage das 18. Lebensjahr vollendet haben, es sei denn, dass sie infolge Richterspruchs das Recht, in öffentlichen Angelegenheiten zu wählen oder zu stimmen, nicht besitzen. Beschäftigte, die am Wahltage seit mehr als sechs Monaten unter Wegfall der Bezüge beurlaubt sind, sind nicht wahlberechtigt.

(2) Wer zu einer Dienststelle abgeordnet ist, wird in ihr wahlberechtigt, sobald die Abordnung länger als drei Monate gedauert hat; im gleichen Zeitpunkt verliert er das Wahlrecht bei der alten Dienststelle. Das gilt nicht für Beschäftigte, die als Mitglieder einer Stufenvertretung oder des Gesamtpersonalrates freigestellt sind. Satz 1 gilt ferner nicht, wenn feststeht, dass der Beschäftigte binnen weiterer sechs Monate in die alte Dienststelle zurückkehren wird. Hinsichtlich des Verlustes des Wahlrechts bei der alten Dienststelle gelten die Sätze 1 und 3 entsprechend in Fällen einer Zuweisung nach § 29 des Bundesbeamtengesetzes oder auf Grund entsprechender arbeitsvertraglicher Vereinbarung.

(3) Beamte im Vorbereitungsdienst und Beschäftigte in entsprechender Berufsausbildung sind nur bei ihrer Stammbehörde wahlberechtigt.

§ 14

(1) Wählbar sind alle Wahlberechtigten, die am Wahltage
1. seit sechs Monaten dem Geschäftsbereich ihrer obersten Dienstbehörde angehören und
2. seit einem Jahr in öffentlichen Verwaltungen oder von diesen geführten Betrieben beschäftigt sind.
Nicht wählbar ist, wer infolge Richterspruchs die Fähigkeit, Rechte aus öffentlichen Wahlen zu erlangen, nicht besitzt.

(2) Die in § 13 Abs. 3 genannten Personen sind nicht in eine Stufenvertretung wählbar.

(3) Nicht wählbar sind für die Personalvertretung ihrer Dienststelle die in § 7 genannten Personen sowie Beschäftigte, die zu selbständigen Entscheidungen in Personalangelegenheiten der Dienststelle befugt sind.

§ 15

(1) Besteht die oberste Dienstbehörde oder die Dienststelle weniger als ein Jahr, so bedarf es für die Wählbarkeit nicht der Voraussetzung des § 14 Abs. 1 Nr. 1.

(2) Die Voraussetzung des § 14 Abs. 1 Nr. 2 entfällt, wenn nicht mindestens

fünfmal soviel wählbare Beschäftigte jeder Gruppe vorhanden wären, als nach den §§ 16 und 17 zu wählen sind.

§ 16

(1) Der Personalrat besteht in Dienststellen mit in der Regel

5 bis 20 wahlberechtigten Beschäftigten	aus einer Person,
21 Wahlberechtigten bis 50 Beschäftigten	aus drei Mitgliedern,
51 bis 150 Beschäftigten	aus fünf Mitgliedern,
151 bis 300 Beschäftigten	aus sieben Mitgliedern,
301 bis 600 Beschäftigten	aus neun Mitgliedern,
601 bis 1.000 Beschäftigten	aus elf Mitgliedern.

Die Zahl der Mitglieder erhöht sich in Dienststellen mit 1.001 bis 5.000 Beschäftigten um je zwei für je weitere angefangene 1.000, mit 5.001 und mehr Beschäftigten um je zwei für je weitere angefangene 2.000.

(2) Die Höchstzahl der Mitglieder beträgt einunddreißig.

§ 17

(1) Sind in der Dienststelle Angehörige verschiedener Gruppen beschäftigt, so muss jede Gruppe entsprechend ihrer Stärke im Personalrat vertreten sein, wenn dieser aus mindestens drei Mitgliedern besteht. Bei gleicher Stärke der Gruppen entscheidet das Los. Macht eine Gruppe von ihrem Recht, im Personalrat vertreten zu sein, keinen Gebrauch, so verliert sie ihren Anspruch auf Vertretung.

(2) Der Wahlvorstand errechnet die Verteilung der Sitze auf die Gruppen nach den Grundsätzen der Verhältniswahl.

(3) Eine Gruppe erhält mindestens

bei weniger als 51 Gruppenangehörigen	einen Vertreter,
bei 51 bis 200 Gruppenangehörigen	zwei Vertreter,
bei 201 bis 600 Gruppenangehörigen	drei Vertreter,
bei 601 bis 1.000 Gruppenangehörigen	vier Vertreter,
bei 1.001 bis 3.000 Gruppenangehörigen	fünf Vertreter,
bei 3.001 und mehr Gruppenangehörigen	sechs Vertreter.

(4) Ein Personalrat, für den in § 16 Abs. 1 drei Mitglieder vorgesehen sind, besteht aus vier Mitgliedern, wenn eine Gruppe mindestens ebensoviel Beschäftigte zählt wie die beiden anderen Gruppen zusammen. Das vierte Mitglied steht der stärksten Gruppe zu.

(5) Eine Gruppe, der in der Regel nicht mehr als fünf Beschäftigte angehören, erhält nur dann eine Vertretung, wenn sie mindestens ein Zwanzigstel der Beschäftigten der Dienststelle umfasst. Erhält sie keine Vertretung und findet Gruppenwahl statt, so kann sich jeder Angehörige dieser Gruppe durch Erklärung gegenüber dem Wahlvorstand einer anderen Gruppe anschließen.

(6) Der Personalrat soll sich aus Vertretern der verschiedenen Beschäftigungsarten zusammensetzen.

(7) Die Geschlechter sollen im Personalrat entsprechend dem Zahlenverhältnis vertreten sein.

§ 18

(1) Die Verteilung der Mitglieder des Personalrates auf die Gruppen kann abweichend von § 17 geordnet werden, wenn jede Gruppe dies vor der Neuwahl in getrennter geheimer Abstimmung beschließt.

(2) Für jede Gruppe können auch Angehörige anderer Gruppen vorgeschlagen werden. Die Gewählten gelten als Vertreter derjenigen Gruppe, für die sie vorgeschlagen worden sind. Satz 2 gilt auch für Ersatzmitglieder.

§ 19

(1) Der Personalrat wird in geheimer und unmittelbarer Wahl gewählt.

(2) Besteht der Personalrat aus mehr als einer Person, so wählen die Beamten und Arbeitnehmer ihre Vertreter (§ 17) je in getrennten Wahlgängen, es sei denn, dass die wahlberechtigten Angehörigen jeder Gruppe vor der Neuwahl in getrennten geheimen Abstimmungen die gemeinsame Wahl beschließen. Der Beschluss bedarf der Mehrheit der Stimmen aller Wahlberechtigten jeder Gruppe.

(3) Die Wahl wird nach den Grundsätzen der Verhältniswahl durchgeführt. Wird nur ein Wahlvorschlag eingereicht, so findet Personenwahl statt. In Dienststellen, deren Personalrat aus einer Person besteht, wird dieser mit einfacher Stimmenmehrheit gewählt. Das gleiche gilt für Gruppen, denen nur ein Vertreter im Personalrat zusteht.

(4) Zur Wahl des Personalrates können die wahlberechtigten Beschäftigten und die in der Dienststelle vertretenen Gewerkschaften Wahlvorschläge machen. Jeder Wahlvorschlag der Beschäftigten muss von mindestens einem Zwanzigstel der wahlberechtigten Gruppenangehörigen, jedoch mindestens von drei Wahlberechtigten unterzeichnet sein. In jedem Fall genügt die Unterzeichnung durch 50 wahlberechtigte Gruppenangehörige. Die nach § 14 Abs. 3 nicht wählbaren Beschäftigten dürfen keine Wahlvorschläge machen oder unterzeichnen.

(5) Ist gemeinsame Wahl beschlossen worden, so muss jeder Wahlvorschlag der Beschäftigten von mindestens einem Zwanzigstel der wahlberechtigten Beschäftigten unterzeichnet sein; Absatz 4 Satz 2 bis 4 gilt entsprechend.

(6) Werden bei gemeinsamer Wahl für eine Gruppe gruppenfremde Bewerber vorgeschlagen, muss der Wahlvorschlag von mindestens einem Zehntel der wahlberechtigten Angehörigen der Gruppe unterzeichnet sein, für die sie vorgeschlagen sind. Absatz 4 Satz 3, 4 gilt entsprechend.

(7) Jeder Beschäftigte kann nur auf einem Wahlvorschlag benannt werden.

(8) Besteht in einer Dienststelle kein Personalrat, so können die in der Dienststelle vertretenen Gewerkschaften zur Wahl des Personalrates Wahlvorschläge machen. Auf diese Wahlvorschläge sind die Absätze 4 bis 6 nicht anzuwenden.

(9) Jeder Wahlvorschlag einer Gewerkschaft muss von zwei Beauftragten unterzeichnet sein; die Beauftragten müssen Beschäftigte der Dienststelle sein und einer in der Dienststelle vertretenen Gewerkschaft angehören. Bei Zweifeln an der Beauftragung kann der Wahlvorstand verlangen, dass die Gewerkschaft die Beauftragung bestätigt.

§ 20

(1) Spätestens acht Wochen vor Ablauf der Amtszeit bestellt der Personalrat drei Wahlberechtigte als Wahlvorstand und einen von ihnen als Vorsitzenden. Sind in

der Dienststelle Angehörige verschiedener Gruppen beschäftigt, so muss jede Gruppe im Wahlvorstand vertreten sein. Hat die Dienststelle weibliche und männliche Beschäftigte, sollen dem Wahlvorstand Frauen und Männer angehören. Je ein Beauftragter der in der Dienststelle vertretenen Gewerkschaften ist berechtigt, an den Sitzungen des Wahlvorstandes mit beratender Stimme teilzunehmen.

(2) Besteht sechs Wochen vor Ablauf der Amtszeit des Personalrates kein Wahlvorstand, so beruft der Leiter der Dienststelle auf Antrag von mindestens drei Wahlberechtigten oder einer in der Dienststelle vertretenen Gewerkschaft eine Personalversammlung zur Wahl des Wahlvorstandes ein. Absatz 1 gilt entsprechend. Die Personalversammlung wählt sich einen Versammlungsleiter.

§ 21

Besteht in einer Dienststelle, die die Voraussetzungen des § 12 erfüllt, kein Personalrat, so beruft der Leiter der Dienststelle eine Personalversammlung zur Wahl des Wahlvorstandes ein. § 20 Abs. 2 Satz 3 gilt entsprechend.

§ 22

Findet eine Personalversammlung (§ 20 Abs. 2, § 21) nicht statt oder wählt die Personalversammlung keinen Wahlvorstand, so bestellt ihn der Leiter der Dienststelle auf Antrag von mindestens drei Wahlberechtigten oder einer in der Dienststelle vertretenen Gewerkschaft.

§ 23

(1) Der Wahlvorstand hat die Wahl unverzüglich einzuleiten; sie soll spätestens nach sechs Wochen stattfinden. Kommt der Wahlvorstand dieser Verpflichtung nicht nach, so beruft der Leiter der Dienststelle auf Antrag von mindestens drei Wahlberechtigten oder einer in der Dienststelle vertretenen Gewerkschaft eine Personalversammlung zur Wahl eines neuen Wahlvorstandes ein. § 20 Abs. 2 Satz 3 und § 22 gelten entsprechend.

(2) Unverzüglich nach Abschluss der Wahl nimmt der Wahlvorstand öffentlich die Auszählung der Stimmen vor, stellt deren Ergebnis in einer Niederschrift fest und gibt es den Angehörigen der Dienststelle durch Aushang bekannt. Dem Dienststellenleiter und den in der Dienststelle vertretenen Gewerkschaften ist eine Abschrift der Niederschrift zu übersenden.

§ 24

(1) Niemand darf die Wahl des Personalrates behindern oder in einer gegen die guten Sitten verstoßenden Weise beeinflussen. Insbesondere darf kein Wahlberechtigter in der Ausübung des aktiven und passiven Wahlrechts beschränkt werden. § 47 Abs. 1, 2 Satz 1 und 2 gilt für Mitglieder des Wahlvorstandes und Wahlbewerber entsprechend.

(2) Die Kosten der Wahl trägt die Dienststelle. Notwendige Versäumnis von Arbeitszeit infolge der Ausübung des Wahlrechts, der Teilnahme an den in den §§ 20 bis 23 genannten Personalversammlungen oder der Betätigung im Wahlvorstand hat keine Minderung der Dienstbezüge oder des Arbeitsentgeltes zur Folge. Für die Mitglieder des Wahlvorstandes gelten § 44 Abs. 1 Satz 2 und § 46 Abs. 2 Satz 2 entsprechend.

§ 25

Mindestens drei Wahlberechtigte, jede in der Dienststelle vertretene Gewerkschaft oder der Leiter der Dienststelle können binnen einer Frist von zwölf Arbeitstagen, vom Tage der Bekanntgabe des Wahlergebnisses an gerechnet, die Wahl beim Verwaltungsgericht anfechten, wenn gegen wesentliche Vorschriften über das Wahlrecht, die Wählbarkeit oder das Wahlverfahren verstoßen worden und eine Berichtigung nicht erfolgt ist, es sei denn, dass durch den Verstoß das Wahlergebnis nicht geändert oder beeinflusst werden konnte.

Zweiter Abschnitt
Amtszeit des Personalrates
§ 26

Die regelmäßige Amtszeit des Personalrates beträgt vier Jahre. Die Amtszeit beginnt mit dem Tage der Wahl oder, wenn zu diesem Zeitpunkt noch ein Personalrat besteht, mit dem Ablauf seiner Amtszeit. Sie endet spätestens am 31. Mai des Jahres, in dem nach § 27 Abs. 1 die regelmäßigen Personalratswahlen stattfinden.

§ 27

(1) Die regelmäßigen Personalratswahlen finden alle vier Jahre in der Zeit vom 1. März bis 31. Mai statt.

(2) Außerhalb dieser Zeit ist der Personalrat zu wählen, wenn

1. mit Ablauf von vierundzwanzig Monaten, vom Tage der Wahl gerechnet, die Zahl der regelmäßig Beschäftigten um die Hälfte, mindestens aber um 50 gestiegen oder gesunken ist oder

2. die Gesamtzahl der Mitglieder des Personalrates auch nach Eintreten sämtlicher Ersatzmitglieder um mehr als ein Viertel der vorgeschriebenen Zahl gesunken ist oder

3. der Personalrat mit der Mehrheit seiner Mitglieder seinen Rücktritt beschlossen hat oder

4. der Personalrat durch gerichtliche Entscheidung aufgelöst ist oder

5. in der Dienststelle kein Personalrat besteht.

(3) In den Fällen des Absatzes 2 Nr. 1 bis 3 führt der Personalrat die Geschäfte weiter, bis der neue Personalrat gewählt ist.

(4) Ist eine in der Dienststelle vorhandene Gruppe, die bisher im Personalrat vertreten war, durch kein Mitglied des Personalrates mehr vertreten, so wählt diese Gruppe neue Mitglieder.

(5) Hat außerhalb des für die regelmäßigen Personalratswahlen festgelegten Zeitraumes eine Personalratswahl stattgefunden, so ist der Personalrat in dem auf die Wahl folgenden nächsten Zeitraum der regelmäßigen Personalratswahlen neu zu wählen. Hat die Amtszeit des Personalrates zu Beginn des für die regelmäßigen Personalratswahlen festgelegten Zeitraumes noch nicht ein Jahr betragen, so ist der Personalrat in dem übernächsten Zeitraum der regelmäßigen Personalratswahlen neu zu wählen.

§ 28

(1) Auf Antrag eines Viertels der Wahlberechtigten oder einer in der Dienststelle vertretenen Gewerkschaft kann das Verwaltungsgericht den Ausschluss eines Mitgliedes aus dem Personalrat oder die Auflösung des Personalrates wegen grober Vernachlässigung seiner gesetzlichen Befugnisse oder wegen grober Verletzung seiner gesetzlichen Pflichten beschließen. Der Personalrat kann aus den gleichen Gründen den Ausschluss eines Mitgliedes beantragen. Der Leiter der Dienststelle kann den Ausschluss eines Mitgliedes aus dem Personalrat oder die Auflösung des Personalrates wegen grober Verletzung seiner gesetzlichen Pflichten beantragen.

(2) Ist der Personalrat aufgelöst, so setzt der Vorsitzende der Fachkammer des Verwaltungsgerichtes einen Wahlvorstand ein. Dieser hat unverzüglich eine Neuwahl einzuleiten. Bis zur Neuwahl nimmt der Wahlvorstand die dem Personalrat nach diesem Gesetz zustehenden Befugnisse und Pflichten wahr.

§ 29

(1) Die Mitgliedschaft im Personalrat erlischt durch
1. Ablauf der Amtszeit,
2. Niederlegung des Amtes,
3. Beendigung des Dienstverhältnisses,
4. Ausscheiden aus der Dienststelle,
5. Verlust der Wählbarkeit mit Ausnahme der Fälle des § 14 Abs. 2 Satz 1,
6. gerichtliche Entscheidung nach § 28,
7. Feststellung nach Ablauf der in § 25 bezeichneten Frist, dass der Gewählte nicht wählbar war.

(2) Die Mitgliedschaft im Personalrat wird durch einen Wechsel der Gruppenzugehörigkeit eines Mitgliedes nicht
berührt; dieses bleibt Vertreter der Gruppe, die es gewählt hat.

§ 30

Die Mitgliedschaft eines Beamten im Personalrat ruht, solange ihm die Führung der Dienstgeschäfte verboten oder er wegen eines gegen ihn schwebenden Disziplinarverfahrens vorläufig des Dienstes enthoben ist.

§ 31

(1) Scheidet ein Mitglied aus dem Personalrat aus, so tritt ein Ersatzmitglied ein. Das gleiche gilt, wenn ein Mitglied des Personalrates zeitweilig verhindert ist.

(2) Die Ersatzmitglieder werden der Reihe nach aus den nicht gewählten Beschäftigten derjenigen Vorschlagslisten entnommen, denen die zu ersetzenden Mitglieder angehören. Ist das ausgeschiedene oder verhinderte Mitglied mit einfacher Stimmenmehrheit gewählt, so tritt der nicht gewählte Beschäftigte mit der nächsthöheren Stimmenzahl als Ersatzmitglied ein.

(3) § 29 Abs. 2 gilt entsprechend bei einem Wechsel der Gruppenzugehörigkeit vor dem Eintritt des Ersatzmitgliedes in den Personalrat.

(4) Im Falle des § 27 Abs. 2 Nr. 4 treten Ersatzmitglieder nicht ein.

Dritter Abschnitt
Geschäftsführung des Personalrates
§ 32

(1) Der Personalrat bildet aus seiner Mitte den Vorstand. Diesem muss ein Mitglied jeder im Personalrat vertretenen Gruppe angehören. Die Vertreter jeder Gruppe wählen das auf sie entfallende Vorstandsmitglied. Der Vorstand führt die laufenden Geschäfte.

(2) Der Personalrat bestimmt mit einfacher Mehrheit, welches Vorstandsmitglied den Vorsitz übernimmt. Er bestimmt zugleich die Vertretung des Vorsitzenden durch seine Stellvertreter. Dabei sind die Gruppen zu berücksichtigen, denen der Vorsitzende nicht angehört, es sei denn, dass die Vertreter dieser Gruppen darauf verzichten.

(3) Der Vorsitzende vertritt den Personalrat im Rahmen der von diesem gefassten Beschlüsse. In Angelegenheiten, die nur eine Gruppe betreffen, vertritt der Vorsitzende, wenn er nicht selbst dieser Gruppe angehört, gemeinsam mit einem der Gruppe angehörenden Vorstandsmitglied den Personalrat.

§ 33

Hat der Personalrat elf oder mehr Mitglieder, so wählt er aus seiner Mitte mit einfacher Stimmenmehrheit zwei weitere Mitglieder in den Vorstand. Sind Mitglieder des Personalrates aus Wahlvorschlagslisten mit verschiedenen Bezeichnungen gewählt worden und sind im Vorstand Mitglieder aus derjenigen Liste nicht vertreten, die die zweitgrößte Anzahl, mindestens jedoch ein Drittel aller von den Angehörigen der Dienststelle abgegebenen Stimmen erhalten hat, so ist eines der weiteren Vorstandsmitglieder aus dieser Liste zu wählen.

§ 34

(1) Spätestens sechs Arbeitstage nach dem Wahltage hat der Wahlvorstand die Mitglieder des Personalrates zur Vornahme der vorgeschriebenen Wahlen einzuberufen und die Sitzung zu leiten, bis der Personalrat aus seiner Mitte einen Wahlleiter bestellt hat.

(2) Die weiteren Sitzungen beraumt der Vorsitzende des Personalrates an. Er setzt die Tagesordnung fest und leitet die Verhandlung. Der Vorsitzende hat die Mitglieder des Personalrates zu den Sitzungen rechtzeitig unter Mitteilung der Tagesordnung zu laden. Satz 3 gilt auch für die Ladung der Schwerbehindertenvertretung, der Mitglieder der Jugend- und Auszubildendenvertretung und der Vertreter der nichtständig Beschäftigten, soweit sie ein Recht auf Teilnahme an der Sitzung haben.

(3) Auf Antrag eines Viertels der Mitglieder des Personalrates, der Mehrheit der Vertreter einer Gruppe, des Leiters der Dienststelle, in Angelegenheiten, die besonders schwerbeschädigte Beschäftigte betreffen, des Vertrauensmannes der Schwerbeschädigten oder in Angelegenheiten, die besonders die in § 57 genannten Beschäftigten betreffen, der Mehrheit der Mitglieder der Jugend- und Auszubildendenvertretung hat der Vorsitzende eine Sitzung anzuberaumen und den Gegenstand, dessen Beratung beantragt ist, auf die Tagesordnung zu setzen.

(4) Der Leiter der Dienststelle nimmt an den Sitzungen, die auf sein Verlangen anberaumt sind, und an den Sitzungen, zu denen er ausdrücklich eingeladen ist, teil.

§ 35

Die Sitzungen des Personalrates sind nicht öffentlich; sie finden in der Regel während der Arbeitszeit statt. Der Personalrat hat bei der Anberaumung seiner Sitzungen auf die dienstlichen Erfordernisse Rücksicht zu nehmen. Der Leiter der Dienststelle ist vom Zeitpunkt der Sitzung vorher zu verständigen.

§ 36

Auf Antrag von einem Viertel der Mitglieder oder der Mehrheit einer Gruppe des Personalrates kann ein Beauftragter einer im Personalrat vertretenen Gewerkschaft an den Sitzungen beratend teilnehmen; in diesem Falle sind der Zeitpunkt der Sitzung und die Tagesordnung der Gewerkschaft rechtzeitig mitzuteilen.

§ 37

(1) Die Beschlüsse des Personalrates werden mit einfacher Stimmenmehrheit der anwesenden Mitglieder gefasst. Stimmenthaltung gilt als Ablehnung. Bei Stimmengleichheit ist ein Antrag abgelehnt.

(2) Der Personalrat ist nur beschlussfähig, wenn mindestens die Hälfte seiner Mitglieder anwesend ist; Stellvertretung durch Ersatzmitglieder ist zulässig.

§ 38

(1) Über die gemeinsamen Angelegenheiten der Beamten und Arbeitnehmer wird vom Personalrat gemeinsam beraten und beschlossen.

(2) In Angelegenheiten, die lediglich die Angehörigen einer Gruppe betreffen, sind nach gemeinsamer Beratung im Personalrat nur die Vertreter dieser Gruppe zur Beschlussfassung berufen. Dies gilt nicht für eine Gruppe, die im Personalrat nicht vertreten ist.

(3) Absatz 2 gilt entsprechend für Angelegenheiten, die lediglich die Angehörigen zweier Gruppen betreffen.

§ 39

(1) Erachtet die Mehrheit der Vertreter einer Gruppe oder der Jugend- und Auszubildendenvertretung einen Beschluss des Personalrates als eine erhebliche Beeinträchtigung wichtiger Interessen der durch sie vertretenen Beschäftigten, so ist auf ihren Antrag der Beschluss auf die Dauer von sechs Arbeitstagen vom Zeitpunkt der Beschlussfassung an auszusetzen. In dieser Frist soll, gegebenenfalls mit Hilfe der unter den Mitgliedern des Personalrates oder der Jugend- und Auszubildendenvertretung vertretenen Gewerkschaften, eine Verständigung versucht werden. Die Aussetzung eines Beschlusses nach Satz 1 hat keine Verlängerung einer Frist zur Folge.

(2) Nach Ablauf der Frist ist über die Angelegenheit neu zu beschließen. Wird der erste Beschluss bestätigt, so kann der Antrag auf Aussetzung nicht wiederholt werden.

(3) Die Absätze 1 und 2 gelten entsprechend, wenn die Schwerbehindertenvertretung einen Beschluss des Personalrates als eine erhebliche Beeinträchtigung wichtiger Interessen der Schwerbeschädigten erachtet.

§ 40

(1) Ein Vertreter der Jugend- und Auszubildendenvertretung, der von dieser benannt wird, und die Schwerbehindertenvertretung können an allen Sitzungen des Personalrates beratend teilnehmen. An der Behandlung von Angelegenheiten, die besonders die in § 57 genannten Beschäftigten betreffen, kann die gesamte Jugend- und Auszubildendenvertretung beratend teilnehmen. Bei Beschlüssen des Personalrates, die überwiegend die in § 57 genannten Beschäftigten betreffen, haben die Jugend- und Auszubildendenvertreter Stimmrecht.

(2) An der Behandlung von Angelegenheiten, die besonders die nichtständig Beschäftigten betreffen, können die in § 65 Abs. 1 bezeichneten Vertreter mit beratender Stimme teilnehmen.

§ 41

(1) Über jede Verhandlung des Personalrates ist eine Niederschrift aufzunehmen, die mindestens den Wortlaut der Beschlüsse und die Stimmenmehrheit, mit der sie gefasst sind, enthält. Die Niederschrift ist von dem Vorsitzenden und einem weiteren Mitglied zu unterzeichnen. Der Niederschrift ist eine Anwesenheitsliste beizufügen, in die sich jeder Teilnehmer eigenhändig einzutragen hat.

(2) Haben der Leiter der Dienststelle oder Beauftragte von Gewerkschaften an der Sitzung teilgenommen, so ist ihnen der entsprechende Teil der Niederschrift abschriftlich zuzuleiten. Einwendungen gegen die Niederschrift sind unverzüglich schriftlich zu erheben und der Niederschrift beizufügen.

§ 42

Sonstige Bestimmungen über die Geschäftsführung können in einer Geschäftsordnung getroffen werden, die der Personalrat mit der Mehrheit der Stimmen seiner Mitglieder beschließt.

§ 43

Der Personalrat kann Sprechstunden während der Arbeitszeit einrichten. Zeit und Ort bestimmt er im Einvernehmen mit dem Leiter der Dienststelle.

§ 44

(1) Die durch die Tätigkeit des Personalrates entstehenden Kosten trägt die Dienststelle. Mitglieder des Personalrates erhalten bei Reisen, die zur Erfüllung ihrer Aufgaben notwendig sind, Reisekostenvergütungen nach dem Bundesreisekostengesetz.

(2) Für die Sitzungen, die Sprechstunden und die laufende Geschäftsführung hat die Dienststelle in erforderlichem Umfang Räume, den Geschäftsbedarf und Büropersonal zur Verfügung zu stellen.

(3) Dem Personalrat werden in allen Dienststellen geeignete Plätze für Bekanntmachungen und Anschläge zur Verfügung gestellt.

§ 45

Der Personalrat darf für seine Zwecke von den Beschäftigten keine Beiträge erheben oder annehmen.

Vierter Abschnitt
Rechtsstellung der Personalratsmitglieder
§ 46

(1) Die Mitglieder des Personalrates führen ihr Amt unentgeltlich als Ehrenamt.

(2) Versäumnis von Arbeitszeit, die zur ordnungsgemäßen Durchführung der Aufgaben des Personalrates erforderlich ist, hat keine Minderung der Dienstbezüge oder des Arbeitsentgeltes zur Folge. Werden Personalratsmitglieder durch die Erfüllung ihrer Aufgaben über die regelmäßige Arbeitszeit hinaus beansprucht, so ist ihnen Dienstbefreiung in entsprechendem Umfang zu gewähren.

(3) Mitglieder des Personalrates sind von ihrer dienstlichen Tätigkeit freizustellen, wenn und soweit es nach Umfang und Art der Dienststelle zur ordnungsgemäßen Durchführung ihrer Aufgaben erforderlich ist. Bei der Auswahl der freizustellenden Mitglieder hat der Personalrat zunächst die nach § 32 Abs. 1 gewählten Vorstandsmitglieder, sodann die nach § 33 gewählten Ergänzungsmitglieder und schließlich weitere Mitglieder zu berücksichtigen. Bei weiteren Freistellungen sind die auf die einzelnen Wahlvorschlagslisten entfallenden Stimmen im Wege des Höchstzahlverfahrens zu berücksichtigen, wenn die Wahl des Personalrates nach den Grundsätzen der Verhältniswahl durchgeführt (§ 19 Abs. 3 Satz 1) wurde; dabei sind die nach Satz 2 freigestellten Vorstandsmitglieder von den auf jede Wahlvorschlagsliste entfallenden Freistellungen abzuziehen. Im Falle der Personenwahl (§ 19 Abs. 3 Satz 2) bestimmt sich die Rangfolge der weiteren freizustellenden Mitglieder nach der Zahl der für sie bei der Wahl zum Personalrat abgegebenen Stimmen. Sind die Mitglieder der im Personalrat vertretenen Gruppen teils nach den Grundsätzen der Verhältniswahl, teils im Wege der Personenwahl gewählt worden, sind bei weiteren Freistellungen die Gruppen entsprechend der Zahl ihrer Mitglieder nach dem Höchstzahlverfahren zu berücksichtigen; innerhalb der Gruppen bestimmen sich die weiteren Freistellungen in diesem Fall je nach Wahlverfahren in entsprechender Anwendung des Satzes 3 und nach Satz 4. Die Freistellung darf nicht zur Beeinträchtigung des beruflichen Werdegangs führen.

(4) Von ihrer dienstlichen Tätigkeit sind nach Absatz 3 ganz freizustellen in Dienststellen mit in der Regel

300 bis 600 Beschäftigten	ein Mitglied,
601 bis 1.000 Beschäftigten	zwei Mitglieder,
1.001 bis 2.000 Beschäftigten	drei Mitglieder,
2.001 bis 3.000 Beschäftigten	vier Mitglieder,
3.001 bis 4.000 Beschäftigten	fünf Mitglieder,
4.001 bis 5.000 Beschäftigten	sechs Mitglieder,
5.001 bis 6.000 Beschäftigten	sieben Mitglieder,
6.001 bis 7.000 Beschäftigten	acht Mitglieder,
7.001 bis 8.000 Beschäftigten	neun Mitglieder,
8.001 bis 9.000 Beschäftigten	zehn Mitglieder,
9.001 bis 10.000 Beschäftigten	elf Mitglieder.

In Dienststellen mit mehr als 10.000 Beschäftigten ist für je angefangene weitere 2.000 Beschäftigte ein weiteres Mitglied freizustellen. Von den Sätzen 1 und 2 kann im Einvernehmen zwischen Personalrat und Dienststellenleiter abgewichen werden.

(5) Die von ihrer dienstlichen Tätigkeit ganz freigestellten Personalratsmitglieder erhalten eine monatliche

Aufwandsentschädigung. Nur teilweise, aber mindestens für die Hälfte der regelmäßigen Arbeitszeit freigestellte Personalratsmitglieder erhalten die Hälfte der Aufwandsentschädigung nach Satz 1. Die Bundesregierung bestimmt durch Rechtsverordnung, die nicht der Zustimmung des Bundesrates bedarf, die Höhe der Aufwandsentschädigung.

(6) Die Mitglieder des Personalrates sind unter Fortzahlung der Bezüge für die Teilnahme an Schulungs- und Bildungsveranstaltungen vom Dienst freizustellen, soweit diese Kenntnisse vermitteln, die für die Tätigkeit im Personalrat erforderlich sind.

(7) Unbeschadet des Absatzes 6 hat jedes Mitglied des Personalrates während seiner regelmäßigen Amtszeit Anspruch auf Freistellung vom Dienst unter Fortzahlung der Bezüge für insgesamt drei Wochen zur Teilnahme an Schulungs- und Bildungsveranstaltungen, die von der Bundeszentrale für politische Bildung als geeignet anerkannt sind. Beschäftigte, die erstmals das Amt eines Personalratsmitgliedes übernehmen und nicht zuvor Jugend- und Auszubildendenvertreter gewesen sind, haben einen Anspruch nach Satz 1 für insgesamt vier Wochen.

§ 47

(1) Die außerordentliche Kündigung von Mitgliedern des Personalrates, die in einem Arbeitsverhältnis stehen, bedarf der Zustimmung des Personalrates. Verweigert der Personalrat seine Zustimmung oder äußert er sich nicht innerhalb von drei Arbeitstagen nach Eingang des Antrages, so kann das Verwaltungsgericht sie auf Antrag des Dienststellenleiters ersetzen, wenn die außerordentliche Kündigung unter Berücksichtigung aller Umstände gerechtfertigt ist. In dem Verfahren vor dem Verwaltungsgericht ist der betroffene Arbeitnehmer Beteiligter.

(2) Mitglieder des Personalrates dürfen gegen ihren Willen nur versetzt oder abgeordnet werden, wenn dies auch unter Berücksichtigung der Mitgliedschaft im Personalrat aus wichtigen dienstlichen Gründen unvermeidbar ist. Als Versetzung im Sinne des Satzes 1 gilt auch die mit einem Wechsel des Dienstortes verbundene Umsetzung in derselben Dienststelle; das Einzugsgebiet im Sinne des Umzugskostenrechts gehört zum Dienstort. Die Versetzung oder Abordnung von Mitgliedern des Personalrates bedarf der Zustimmung des Personalrates.

(3) Für Beamte im Vorbereitungsdienst und Beschäftigte in entsprechender Berufsausbildung gelten die Absätze 1, 2 und die §§ 15, 16 des Kündigungsschutzgesetzes nicht. Absätze 1 und 2 gelten ferner nicht bei der Versetzung oder Abordnung dieser Beschäftigten zu einer anderen Dienststelle im Anschluss an das Ausbildungsverhältnis. Die Mitgliedschaft der in Satz 1 bezeichneten Beschäftigten im Personalrat ruht unbeschadet des § 29, solange sie entsprechend den Erfordernissen ihrer Ausbildung zu einer anderen Dienststelle versetzt oder abgeordnet sind.

Fünfter Abschnitt
Personalversammlung

§ 48

(1) Die Personalversammlung besteht aus den Beschäftigten der Dienststelle. Sie wird vom Vorsitzenden des

Personalrates geleitet. Sie ist nicht öffentlich.

(2) Kann nach den dienstlichen Verhältnissen eine gemeinsame Versammlung aller Beschäftigten nicht stattfinden, so sind Teilversammlungen abzuhalten.

§ 49

(1) Der Personalrat hat einmal in jedem Kalenderhalbjahr in einer Personalversammlung einen Tätigkeitsbericht zu erstatten.

(2) Der Personalrat ist berechtigt und auf Wunsch des Leiters der Dienststelle oder eines Viertels der wahlberechtigten Beschäftigten verpflichtet, eine Personalversammlung einzuberufen und den Gegenstand, dessen Beratung beantragt ist, auf die Tagesordnung zu setzen.

(3) Auf Antrag einer in der Dienststelle vertretenen Gewerkschaft muss der Personalrat vor Ablauf von zwölf Arbeitstagen nach Eingang des Antrages eine Personalversammlung nach Absatz 1 einberufen, wenn im vorhergegangenen Kalenderhalbjahr keine Personalversammlung und keine Teilversammlung durchgeführt worden sind.

§ 50

(1) Die in § 49 Abs. 1 bezeichneten und die auf Wunsch des Leiters der Dienststelle einberufenen Personalversammlungen finden während der Arbeitszeit statt, soweit nicht die dienstlichen Verhältnisse eine andere Regelung erfordern. Die Teilnahme an der Personalversammlung hat keine Minderung der Dienstbezüge oder des Arbeitsentgeltes zur Folge. Soweit in den Fällen des Satzes 1 Personalversammlungen aus dienstlichen Gründen außerhalb der Arbeitszeit stattfinden müssen, ist den Teilnehmern Dienstbefreiung in entsprechendem Umfang zu gewähren. Fahrkosten, die durch die Teilnahme an Personalversammlungen nach Satz 1 entstehen, werden in entsprechender Anwendung des Bundesreisekostengesetzes erstattet.

(2) Andere Personalversammlungen finden außerhalb der Arbeitszeit statt. Hiervon kann im Einvernehmen mit dem Leiter der Dienststelle abgewichen werden.

§ 51

Die Personalversammlung kann dem Personalrat Anträge unterbreiten und zu seinen Beschlüssen Stellung nehmen. Sie darf alle Angelegenheiten behandeln, die die Dienststelle oder ihre Beschäftigten unmittelbar betreffen, insbesondere Tarif-, Besoldungs- und Sozialangelegenheiten sowie Fragen der Frauenförderung und der Vereinbarkeit von Familie und Beruf. § 66 Abs. 2 und § 67 Abs. 1 Satz 3 gelten für die Personalversammlung entsprechend.

§ 52

(1) Beauftragte aller in der Dienststelle vertretenen Gewerkschaften und ein Beauftragter der Arbeitgebervereinigung, der die Dienststelle angehört, sind berechtigt, mit beratender Stimme an der Personalversammlung teilzunehmen. Der Personalrat hat die Einberufung der Personalversammlung den in Satz 1 genannten Gewerkschaften und der Arbeitgebervereinigung mitzuteilen. Ein beauftragtes Mitglied der Stufenvertretung oder des Gesamtpersonalrates sowie ein Beauftragter der Dienststelle, bei der die Stufenvertretung besteht, können an der Personalversammlung teilnehmen.

(2) Der Leiter der Dienststelle kann an der Personalversammlung teilnehmen. An Versammlungen, die auf seinen Wunsch einberufen sind oder zu denen er ausdrücklich eingeladen ist, hat er teilzunehmen.

Sechster Abschnitt
Stufenvertretungen und Gesamtpersonalrat

§ 53

(1) Für den Geschäftsbereich mehrstufiger Verwaltungen werden bei den Behörden der Mittelstufe Bezirkspersonalräte, bei den obersten Dienstbehörden Hauptpersonalräte gebildet.

(2) Die Mitglieder des Bezirkspersonalrates werden von den zum Geschäftsbereich der Behörde der Mittelstufe, die Mitglieder des Hauptpersonalrates von den zum Geschäftsbereich der obersten Dienstbehörde gehörenden Beschäftigten gewählt.

(3) Die §§ 12 bis 16, § 17 Abs. 1, 2, 6 und 7, §§ 18 bis 21 und 23 bis 25 gelten entsprechend. § 14 Abs. 3 gilt nur für die Beschäftigten der Dienststelle, bei der die Stufenvertretung zu errichten ist. Eine Personalversammlung zur Bestellung des Bezirks- oder Hauptwahlvorstandes findet nicht statt. An ihrer Stelle übt der Leiter der Dienststelle, bei der die Stufenvertretung zu errichten ist, die Befugnis zur Bestellung des Wahlvorstandes nach § 20 Abs. 2, §§ 21 und 23 aus.

(4) Werden in einer Verwaltung die Personalräte und Stufenvertretungen gleichzeitig gewählt, so führen die bei den Dienststellen bestehenden Wahlvorstände die Wahlen der Stufenvertretungen im Auftrage des Bezirks- oder Hauptwahlvorstandes durch; andernfalls bestellen auf sein Ersuchen die Personalräte oder, wenn solche nicht bestehen, die Leiter der Dienststellen die örtlichen Wahlvorstände für die Wahl der Stufenvertretungen.

(5) In den Stufenvertretungen erhält jede Gruppe mindestens einen Vertreter. Besteht die Stufenvertretung aus mehr als neun Mitgliedern, erhält jede Gruppe mindestens zwei Vertreter. § 17 Abs. 5 gilt entsprechend.

§ 54

(1) Für die Stufenvertretungen gelten die §§ 26 bis 39, 40 Abs. 1, §§ 41, 42, 44, 45, 46 Abs. 1 bis 3 und 5 bis 7, § 47 entsprechend, soweit in Absatz 2 nichts anderes bestimmt ist.

(2) § 34 Abs. 1 gilt mit der Maßgabe, das die Mitglieder der Stufenvertretung spätestens zwölf Arbeitstage nach dem Wahltag einzuberufen sind.

§ 55

In den Fällen des § 6 Abs. 3 wird neben den einzelnen Personalräten ein Gesamtpersonalrat gebildet.

§ 56

Für den Gesamtpersonalrat gelten § 53 Abs. 2 und 3 und § 54 Abs. 1 Halbsatz 1 entsprechend.

Drittes Kapitel
Jugend- und Auszubildendenvertretung, Jugend- und Auszubildendenversammlung

§ 57

In Dienststellen, bei denen Personalvertretungen gebildet sind und denen in der Regel mindestens fünf Beschäftigte angehören, die das 18. Lebensjahr noch nicht vollendet haben (jugendliche Beschäftigte) oder die sich in einer beruflichen Ausbildung befinden und das 25. Lebensjahr noch nicht vollendet haben, werden Jugend- und Auszubildendenvertretungen gebildet.

§ 58

(1) Wahlberechtigt sind alle in § 57 genannten Beschäftigten. § 13 Abs. 1 gilt entsprechend.

(2) Wählbar sind Beschäftigte, die am Wahltage noch nicht das 26. Lebensjahr vollendet haben. § 14 Abs. 1 Satz 1 Nr. 1, Satz 2, Abs. 2 und 3 gilt entsprechend.

§ 59

(1) Die Jugend- und Auszubildendenvertretung besteht in Dienststellen mit in der Regel

5 bis 20 der in § 57 genannten Beschäftigten
 aus einem Jugend- und Auszubildendenvertreter,
21 bis 50 der in § 57 genannten Beschäftigten
 aus drei Jugend- und Auszubildendenvertretern,
51 bis 200 der in § 57 genannten Beschäftigten
 aus fünf Jugend- und Auszubildendenvertretern,
201 bis 300 der in § 57 genannten Beschäftigten
 aus sieben Jugend- und Auszubildendenvertretern,
301 bis 1.000 der in § 57 genannten Beschäftigten
 aus elf Jugend- und Auszubildendenvertretern,
mehr als 1.000 der in § 57 genannten Beschäftigten
 aus fünfzehn Jugend- u. Auszubildendenvertretern.

(2) Die Jugend- und Auszubildendenvertretung soll sich aus Vertretern der verschiedenen Beschäftigungsarten der der Dienststelle angehörenden in § 57 genannten Beschäftigten zusammensetzen.

(3) Die Geschlechter sollen in der Jugend- und Auszubildendenvertretung entsprechend ihrem Zahlenverhältnis vertreten sein.

§ 60

(1) Der Personalrat bestimmt den Wahlvorstand und seinen Vorsitzenden. § 19 Abs. 1, 3, 4 Satz 1, Abs. 5, 7 und 9, § 20 Abs. 1 Satz 3 und 4, § 24 Abs. 1 Satz 1 und 2, Abs. 2 und § 25 gelten entsprechend.

(2) Die regelmäßige Amtszeit der Jugend- und Auszubildendenvertretung beträgt zwei Jahre. Sie beginnt mit dem Tage der Wahl oder, wenn zu diesem Zeitpunkt noch eine Jugend- und Auszubildendenvertretung besteht, mit dem Ablauf ihrer Amtszeit. Die regelmäßigen Wahlen der Jugend- und Auszubildendenvertretung finden alle zwei Jahre in der Zeit vom 1. März bis 31. Mai statt. Die Amtszeit endet spätestens am 31. Mai des Jahres, in dem nach

Satz 3 die regelmäßigen Wahlen der Jugend- und Auszubildendenvertretung stattfinden. Für die Wahl der Jugend- und Auszubildendenvertretung außerhalb des Zeitraums für die regelmäßigen Wahlen gilt § 27 Abs. 2 Nr. 2 bis 5, Abs. 3 und 5 entsprechend.

(3) Besteht die Jugend- und Auszubildendenvertretung aus drei oder mehr Mitgliedern, so wählt sie aus ihrer Mitte einen Vorsitzenden und dessen Stellvertreter.

(4) Die §§ 28 bis 31 gelten entsprechend.

§ 61

(1) Die Jugend- und Auszubildendenvertretung hat folgende allgemeine Aufgaben:

1. Maßnahmen, die den in § 57 genannten Beschäftigten dienen, insbesondere in Fragen der Berufsbildung, beim Personalrat zu beantragen,

2. darüber zu wachen, dass die zugunsten der in § 57 genannten Beschäftigten geltenden Gesetze, Verordnungen, Unfallverhütungsvorschriften, Tarifverträge, Dienstvereinbarungen und Verwaltungsanordnungen durchgeführt werden,

3. Anregungen und Beschwerden von in § 57 genannten Beschäftigten, insbesondere in Fragen der Berufsbildung, entgegenzunehmen und, falls sie berechtigt erscheinen, beim Personalrat auf eine Erledigung hinzuwirken; die Jugend- und Auszubildendenvertretung hat die betroffenen in § 57 genannten Beschäftigten über den Stand und das Ergebnis der Verhandlungen zu informieren.

(2) Die Zusammenarbeit der Jugend- und Auszubildendenvertretung mit dem Personalrat bestimmt sich nach § 34 Abs. 3, §§ 39 und 40 Abs. 1.

(3) Zur Durchführung ihrer Aufgaben ist die Jugend- und Auszubildendenvertretung durch den Personalrat rechtzeitig und umfassend zu unterrichten. Die Jugend- und Auszubildendenvertretung kann verlangen, dass ihr der Personalrat die zur Durchführung ihrer Aufgaben erforderlichen Unterlagen zur Verfügung stellt.

(4) Der Personalrat hat die Jugend- und Auszubildendenvertretung zu den Besprechungen zwischen Dienststellenleiter und Personalrat nach § 66 Abs. 1 beizuziehen, wenn Angelegenheiten behandelt werden, die besonders in § 57 genannte Beschäftigte betreffen.

(5) Die Jugend- und Auszubildendenvertretung kann nach Verständigung des Personalrates Sitzungen abhalten; § 34 Abs. 1, 2 gilt sinngemäß. An den Sitzungen der Jugend- und Auszubildendenvertretung kann ein vom Personalrat beauftragtes Personalratsmitglied teilnehmen.

§ 62

Für die Jugend- und Auszubildendenvertretung gelten die §§ 43 bis 45, § 46 Abs. 1, 2, 3 Satz 1 und 6, Abs. 6, 7 und § 67 Abs. 1 Satz 3 sinngemäß. § 47 gilt entsprechend mit der Maßgabe, dass die außerordentliche Kündigung, die Versetzung und die Abordnung von Mitgliedern der Jugend- und Auszubildendenvertretung der Zustimmung des Personalrates bedürfen. Für Mitglieder des Wahlvorstandes und Wahlbewerber gilt § 47 Abs. 1, 2 Satz 1 und 2 entsprechend.

§ 63

Die Jugend- und Auszubildendenvertretung hat einmal in jedem Kalenderjahr eine Jugend- und Auszubildendenversammlung durchzuführen. Diese soll möglichst unmittelbar vor oder nach einer ordentlichen Personalversammlung stattfinden. Sie wird vom Vorsitzenden der Jugend- und Auszubildendenvertretung geleitet. Der Personalratsvorsitzende oder ein vom Personalrat beauftragtes anderes Mitglied soll an der Jugendund Auszubildendenversammlung teilnehmen. Die für die Personalversammlung geltenden Vorschriften sind sinngemäß anzuwenden. Außer der in Satz 1 bezeichneten Jugend- und Auszubildendenversammlung kann eine weitere, nicht auf Wunsch des Leiters der Dienststelle einberufene Versammlung während der Arbeitszeit stattfinden.

§ 64

(1) Für den Geschäftsbereich mehrstufiger Verwaltungen werden, soweit Stufenvertretungen bestehen, bei den Behörden der Mittelstufen Bezirks-Jugend- und Auszubildendenvertretungen und bei den obersten Dienstbehörden Haupt-Jugend- und Auszubildendenvertretungen gebildet. Für die Jugend- und Auszubildendenstufenvertretungen gelten § 53 Abs. 2 und 4 sowie die §§ 57 bis 62 entsprechend.

(2) In den Fällen des § 6 Abs. 3 wird neben den einzelnen Jugend- und Auszubildendenvertretungen eine Gesamt- Jugend- und Auszubildendenvertretung gebildet. Absatz 1 Satz 2 gilt entsprechend.

Viertes Kapitel
Vertretung der nichtständig Beschäftigten

§ 65

(1) Steigt während der Amtszeit des Personalrates die Zahl der Beschäftigten vorübergehend um mehr als 20 Personen, die voraussichtlich nur für einen Zeitraum von höchstens sechs Monaten beschäftigt werden, so wählen die nichtständig Beschäftigten in geheimer Wahl

bei 21 bis 50 nichtständig Beschäftigten	einen Vertreter,
bei 51 bis 100 nichtständig Beschäftigten	zwei Vertreter,
bei mehr als 100 nichtständig Beschäftigten	drei Vertreter.

Der Personalrat bestimmt den Wahlvorstand und seinen Vorsitzenden. Im übrigen gelten für die Wahl der Vertreter § 13 Abs. 1 und 3, §§ 14, 17 Abs. 6 und 7, §§ 19, 24 Abs. 1 Satz 1 und 2, Abs. 2 und § 25 mit Ausnahme der Vorschriften über die Dauer der Zugehörigkeit zum Geschäftsbereich der obersten Dienstbehörde und zum öffentlichen Dienst entsprechend.

(2) Die Amtszeit der in Absatz 1 bezeichneten Vertreter endet mit Ablauf des für die Beschäftigung der nichtständig Beschäftigten vorgesehenen Zeitraums oder mit Wegfall der Voraussetzungen für ihre Wahl. § 26 Satz 2, § 27 Abs. 2 Nr. 2 bis 4, Abs. 3 und §§ 28 bis 31 gelten entsprechend.

(3) Für die in Absatz 1 bezeichneten Vertreter gelten §§ 43 bis 45, § 46 Abs. 1, 2, 3 Satz 1 und § 67 Abs. 1 Satz 3 sinngemäß.

(4) An den Sitzungen des Personalrates nehmen die in Absatz 1 bezeichneten Vertreter nach Maßgabe des § 40 Abs. 2 teil.

79

Fünftes Kapitel
Beteiligung der Personalvertretung
Erster Abschnitt
Allgemeines

§ 66

(1) Der Leiter der Dienststelle und die Personalvertretung sollen mindestens einmal im Monat zu Besprechungen zusammentreten. In ihnen soll auch die Gestaltung des Dienstbetriebes behandelt werden, insbesondere alle Vorgänge, die die Beschäftigten wesentlich berühren. Sie haben über strittige Fragen mit dem ernsten Willen zur Einigung zu verhandeln und Vorschläge für die Beilegung von Meinungsverschiedenheiten zu machen.

(2) Dienststelle und Personalvertretung haben alles zu unterlassen, was geeignet ist, die Arbeit und den Frieden der Dienststelle zu beeinträchtigen. Insbesondere dürfen Dienststelle und Personalvertretung keine Maßnahmen des Arbeitskampfes gegeneinander durchführen. Arbeitskämpfe tariffähiger Parteien werden hierdurch nicht berührt.

(3) Außenstehende Stellen dürfen erst angerufen werden, wenn eine Einigung in der Dienststelle nicht erzielt worden ist.

§ 67

(1) Dienststelle und Personalvertretung haben darüber zu wachen, dass alle Angehörigen der Dienststelle nach Recht und Billigkeit behandelt werden, insbesondere, dass jede Benachteiligung von Personen aus Gründen ihrer Rasse oder wegen ihrer ethnischen Herkunft, ihrer Abstammung oder sonstigen Herkunft, ihrer Nationalität, ihrer Religion oder Weltanschauung, ihrer Behinderung, ihres Alters, ihrer politischen oder gewerkschaftlichen Betätigung oder Einstellung oder wegen ihres Geschlechts oder ihrer sexuellen Identität unterbleibt. Dabei müssen sie sich so verhalten, dass das Vertrauen der Verwaltungsangehörigen in die Objektivität und Neutralität ihrer Amtsführung nicht beeinträchtigt wird. Der Leiter der Dienststelle und die Personalvertretung haben jede parteipolitische Betätigung in der Dienststelle zu unterlassen; die Behandlung von Tarif-, Besoldungs- und Sozialangelegenheiten wird hierdurch nicht berührt.

(2) Beschäftigte, die Aufgaben nach diesem Gesetz wahrnehmen, werden dadurch in der Betätigung für ihre Gewerkschaft auch in der Dienststelle nicht beschränkt.

(3) Die Personalvertretung hat sich für die Wahrung der Vereinigungsfreiheit der Beschäftigten einzusetzen.

§ 68

(1) Die Personalvertretung hat folgende allgemeine Aufgaben:

1. Maßnahmen, die der Dienststelle und ihren Angehörigen dienen, zu beantragen,

2. darüber zu wachen, dass die zugunsten der Beschäftigten geltenden Gesetze, Verordnungen, Tarifverträge, Dienstvereinbarungen und Verwaltungsanordnungen durchgeführt werden,

3. Anregungen und Beschwerden von Beschäftigten entgegenzunehmen und, falls sie berechtigt erscheinen, durch Verhandlung mit dem Leiter der Dienststelle auf ihre Erledigung hinzuwirken,

4. die Eingliederung und berufliche Entwicklung Schwerbeschädigter und sonstiger

schutzbedürftiger, insbesondere älterer Personen zu fördern,

5. Maßnahmen zur beruflichen Förderung Schwerbeschädigter zu beantragen,

5a. die Durchsetzung der tatsächlichen Gleichberechtigung von Frauen und Männern insbesondere bei der Einstellung, Beschäftigung, Aus-, Fort- und Weiterbildung und dem beruflichen Aufstieg, zu fördern,

6. die Eingliederung ausländischer Beschäftigter in die Dienststelle und das Verständnis zwischen ihnen und den deutschen Beschäftigten zu fördern,

7. mit der Jugend- und Auszubildendenvertretung zur Förderung der Belange der in § 57 genannten Beschäftigten eng zusammenzuarbeiten.

(2) Die Personalvertretung ist zur Durchführung ihrer Aufgaben rechtzeitig und umfassend zu unterrichten. Ihr sind die hierfür erforderlichen Unterlagen vorzulegen. Personalakten dürfen nur mit Zustimmung des Beschäftigten und nur von den von ihm bestimmten Mitgliedern der Personalvertretung eingesehen werden. Dienstliche Beurteilungen sind auf Verlangen des Beschäftigten der Personalvertretung zur Kenntnis zu bringen.

Zweiter Abschnitt
Formen und Verfahren der Mitbestimmung und Mitwirkung
§ 69

(1) Soweit eine Maßnahme der Mitbestimmung des Personalrates unterliegt, kann sie nur mit seiner Zustimmung getroffen werden.

(2) Der Leiter der Dienststelle unterrichtet den Personalrat von der beabsichtigten Maßnahme und beantragt seine Zustimmung. Der Personalrat kann verlangen, dass der Leiter der Dienststelle die beabsichtigte Maßnahme begründet; der Personalrat kann außer in Personalangelegenheiten auch eine schriftliche Begründung verlangen. Der Beschluss des Personalrates über die beantragte Zustimmung ist dem Leiter der Dienststelle innerhalb von zehn Arbeitstagen mitzuteilen. In dringenden Fällen kann der Leiter der Dienststelle diese Frist auf drei Arbeitstage abkürzen. Die Maßnahme gilt als gebilligt, wenn nicht der Personalrat innerhalb der genannten Frist die Zustimmung unter Angabe der Gründe schriftlich verweigert. Soweit dabei Beschwerden oder Behauptungen tatsächlicher Art vorgetragen werden, die für einen Beschäftigten ungünstig sind oder ihm nachteilig werden können, ist dem Beschäftigten Gelegenheit zur Äußerung zu geben; die Äußerung ist aktenkundig zu machen.

(3) Kommt eine Einigung nicht zustande, so kann der Leiter der Dienststelle oder der Personalrat die Angelegenheit binnen sechs Arbeitstagen auf dem Dienstwege den übergeordneten Dienststellen, bei denen Stufenvertretungen bestehen, vorlegen. In Körperschaften, Anstalten und Stiftungen des öffentlichen Rechtes ist als oberste Dienstbehörde das in ihrer Verfassung für die Geschäftsführung vorgesehene oberste Organ anzurufen. In Zweifelsfällen bestimmt die zuständige oberste Bundesbehörde die anzurufende Stelle. Absatz 2 gilt entsprechend. Legt der Leiter der Dienststelle die Angelegenheit nach Satz 1 der übergeordneten Dienststelle vor, teilt er dies dem Personalrat unter Angabe der Gründe mit.

(4) Ergibt sich zwischen der obersten Dienstbehörde und der bei ihr bestehenden zuständigen Personalvertretung keine Einigung, so entscheidet die Einigungsstelle (§ 71); in den Fällen des § 77 Abs. 2 stellt sie fest, ob ein Grund zur Verweigerung der Zustimmung vorliegt. Die Einigungsstelle soll binnen zwei Monaten

nach der Erklärung eines Beteiligten, die Entscheidung der Einigungsstelle herbeiführen zu wollen, entscheiden. In den Fällen der §§ 76, 85 Abs. 1 Nr. 7 beschließt die Einigungsstelle, wenn sie sich nicht der Auffassung der obersten Dienstbehörde anschließt, eine Empfehlung an diese. Die oberste Dienstbehörde entscheidet sodann endgültig.

(5) Der Leiter der Dienststelle kann bei Maßnahmen, die der Natur der Sache nach keinen Aufschub dulden, bis zur endgültigen Entscheidung vorläufige Regelungen treffen. Er hat dem Personalrat die vorläufige Regelung mitzuteilen und zu begründen und unverzüglich das Verfahren nach den Absätzen 2 bis 4 einzuleiten oder fortzusetzen.

§ 70

(1) Beantragt der Personalrat eine Maßnahme, die nach § 75 Abs. 3 Nr. 1 bis 6 und 11 bis 17 seiner Mitbestimmung unterliegt, so hat er sie schriftlich dem Leiter der Dienststelle vorzuschlagen. Entspricht dieser dem Antrag nicht, so bestimmt sich das weitere Verfahren nach § 69 Abs. 3 und 4.

(2) Beantragt der Personalrat eine Maßnahme, die nach anderen als den in Absatz 1 Satz 1 bezeichneten Vorschriften seiner Mitbestimmung unterliegt, so hat er sie schriftlich dem Leiter der Dienststelle vorzuschlagen. Entspricht dieser dem Antrag nicht, so bestimmt sich das weitere Verfahren nach § 69 Abs. 3; die oberste Dienstbehörde entscheidet endgültig.

§ 71

(1) Die Einigungsstelle wird bei der obersten Dienstbehörde gebildet. Sie besteht aus je drei Beisitzern, die von der obersten Dienstbehörde und der bei ihr bestehenden zuständigen Personalvertretung bestellt werden, und einem unparteiischen Vorsitzenden, auf dessen Person sich beide Seiten einigen. Unter den Beisitzern, die von der Personalvertretung bestellt werden, muss sich je ein Beamter und ein Arbeitnehmer befinden, es sei denn, die Angelegenheit betrifft lediglich die Beamten oder die im Arbeitsverhältnis stehenden Beschäftigten. Kommt eine Einigung über die Person des Vorsitzenden nicht zustande, so bestellt ihn der Präsident des Bundesverwaltungsgerichts.

(2) Die Verhandlung ist nicht öffentlich. Der obersten Dienstbehörde und der zuständigen Personalvertretung ist Gelegenheit zur mündlichen Äußerung zu geben. Im Einvernehmen mit den Beteiligten kann die Äußerung schriftlich erfolgen.

(3) Die Einigungsstelle entscheidet durch Beschluss. Sie kann den Anträgen der Beteiligten auch teilweise entsprechen. Der Beschluss wird mit Stimmenmehrheit gefasst. Er muss sich im Rahmen der geltenden Rechtsvorschriften, insbesondere des Haushaltsgesetzes, halten.

(4) Der Beschluss ist den Beteiligten zuzustellen. Er bindet, abgesehen von den Fällen des § 69 Abs. 4 Sätze 3, 5 die Beteiligten, soweit er eine Entscheidung im Sinne des Absatzes 3 enthält.

§ 72

(1) Soweit der Personalrat an Entscheidungen mitwirkt, ist die beabsichtigte Maßnahme vor der Durchführung mit dem Ziele einer Verständigung rechtzeitig und eingehend mit ihm zu erörtern.

(2) Äußert sich der Personalrat nicht innerhalb von zehn Arbeitstagen oder hält er bei Erörterung seine Einwendungen oder Vorschläge nicht aufrecht, so gilt die beabsichtigte Maßnahme als gebilligt. Erhebt der Personalrat Einwendungen, so hat er dem Leiter der Dienststelle die Gründe mitzuteilen. § 69 Abs. 2 Satz 6 gilt entsprechend.

(3) Entspricht die Dienststelle den Einwendungen des Personalrates nicht oder nicht in vollem Umfange, so teilt sie dem Personalrat ihre Entscheidung unter Angabe der Gründe schriftlich mit.

(4) Der Personalrat einer nachgeordneten Dienststelle kann die Angelegenheit binnen drei Arbeitstagen nach Zugang der Mitteilung auf dem Dienstwege den übergeordneten Dienststellen, bei denen Stufenvertretungen bestehen, mit dem Antrag auf Entscheidung vorlegen. Diese entscheiden nach Verhandlung mit der bei ihnen bestehenden Stufenvertretung. § 69 Abs. 3 Sätze 2, 3 gilt entsprechend. Eine Abschrift seines Antrages leitet der Personalrat seiner Dienststelle zu.

(5) Ist ein Antrag gemäß Absatz 4 gestellt, so ist die beabsichtigte Maßnahme bis zur Entscheidung der angerufenen Dienststelle auszusetzen.

(6) § 69 Abs. 5 gilt entsprechend.

§ 73

(1) Dienstvereinbarungen sind zulässig, soweit sie dieses Gesetz ausdrücklich vorsieht. Sie werden durch Dienststelle und Personalrat gemeinsam beschlossen, sind schriftlich niederzulegen, von beiden Seiten zu unterzeichnen und in geeigneter Weise bekanntzumachen.

(2) Dienstvereinbarungen, die für einen größeren Bereich gelten, gehen den Dienstvereinbarungen für einen kleineren Bereich vor.

§ 74

(1) Entscheidungen, an denen der Personalrat beteiligt war, führt die Dienststelle durch, es sei denn, dass im Einzelfall etwas anderes vereinbart ist.

(2) Der Personalrat darf nicht durch einseitige Handlungen in den Dienstbetrieb eingreifen.

Dritter Abschnitt
Angelegenheiten, in denen der Personalrat zu beteiligen ist

§ 75

(1) Der Personalrat hat mitzubestimmen in Personalangelegenheiten der Arbeitnehmer bei

1. Einstellung,
2. Übertragung einer höher oder niedriger zu bewertenden Tätigkeit, Höher- oder Rückgruppierung, Eingruppierung,
3. Versetzung zu einer anderen Dienststelle,
Umsetzung innerhalb der Dienststelle, wenn sie mit einem Wechsel des Dienstortes verbunden ist (das Einzugsgebiet im Sinne des Umzugskostenrechts gehört zum Dienstort),
4. Abordnung für eine Dauer von mehr als drei Monaten,
4a. Zuweisung entsprechend § 29 des Bundesbeamtengesetzes für eine Dauer von mehr als drei Monaten,
5. Weiterbeschäftigung über die Altersgrenze hinaus,

6. Anordnungen, welche die Freiheit in der Wahl der Wohnung beschränken,

7. Versagung oder Widerruf der Genehmigung einer Nebentätigkeit.

(2) Der Personalrat hat mitzubestimmen in sozialen Angelegenheiten bei

1. Gewährung von Unterstützungen, Vorschüssen, Darlehen und entsprechenden sozialen Zuwendungen,

2. Zuweisung und Kündigung von Wohnungen, über die die Dienststelle verfügt, sowie der allgemeinen Festsetzung der Nutzungsbedingungen,

3. Zuweisung von Dienst- und Pachtland und Festsetzung der Nutzungsbedingungen. Hat ein Beschäftigter eine Leistung nach Nummer 1 beantragt, wird der Personalrat nur auf seinen Antrag

beteiligt; auf Verlangen des Antragstellers bestimmt nur der Vorstand des Personalrates mit. Die Dienststelle hat dem Personalrat nach Abschluss jedes Kalendervierteljahres einen Überblick über die Unterstützungen und entsprechenden sozialen Zuwendungen zu geben. Dabei sind die Anträge und die Leistungen gegenüberzustellen. Auskunft über die von den Antragstellern angeführten Gründe wird hierbei nicht erteilt.

(3) Der Personalrat hat, soweit eine gesetzliche oder tarifliche Regelung nicht besteht, gegebenenfalls durch Abschluss von Dienstvereinbarungen mitzubestimmen über

1. Beginn und Ende der täglichen Arbeitszeit und der Pausen sowie die Verteilung der Arbeitszeit auf die einzelnen Wochentage,

2. Zeit, Ort und Art der Auszahlung der Dienstbezüge und Arbeitsentgelte,

3. Aufstellung des Urlaubsplanes, Festsetzung der zeitlichen Lage des Erholungsurlaubs für einzelne Beschäftigte, wenn zwischen dem Dienststellenleiter und den beteiligten Beschäftigten kein Einverständnis erzielt wird,

4. Fragen der Lohngestaltung innerhalb der Dienststelle, insbesondere die Aufstellung von Entlohnungsgrundsätzen, die Einführung und Anwendung von neuen Entlohnungsmethoden und deren Änderung sowie die Festsetzung der Akkord- und Prämiensätze und vergleichbarer leistungsbezogener Entgelte, einschließlich der Geldfaktoren,

5. Errichtung, Verwaltung und Auflösung von Sozialeinrichtungen ohne Rücksicht auf ihre Rechtsform,

6. Durchführung der Berufsausbildung bei Arbeitnehmern,

7. Auswahl der Teilnehmer an Fortbildungsveranstaltungen für Arbeitnehmer,

8. Inhalt von Personalfragebogen für Arbeitnehmer,

9. Beurteilungsrichtlinien für Arbeitnehmer,

10. Bestellung von Vertrauens- oder Betriebsärzten als Arbeitnehmer,

11. Maßnahmen zur Verhütung von Dienst- und Arbeitsunfällen und sonstigen Gesundheitsschädigungen,

12. Grundsätze über die Bewertung von anerkannten Vorschlägen im Rahmen des betrieblichen Vorschlagwesens,

13. Aufstellung von Sozialplänen einschließlich Plänen für Umschulungen zum Ausgleich oder zur Milderung

von wirtschaftlichen Nachteilen, die dem Beschäftigten infolge von Rationalisierungsmaßnahmen entstehen,

14. Absehen von der Ausschreibung von Dienstposten, die besetzt werden sollen,

15. Regelung der Ordnung in der Dienststelle und des Verhaltens der Beschäftigten,

16. Gestaltung der Arbeitsplätze,

17. Einführung und Anwendung technischer Einrichtungen, die dazu bestimmt sind, das Verhalten oder die Leistung der Beschäftigten zu überwachen.

(4) Muss für Gruppen von Beschäftigten die tägliche Arbeitszeit (Absatz 3 Nr. 1) nach Erfordernissen, die die Dienststelle nicht voraussehen kann, unregelmäßig und kurzfristig festgesetzt werden, so beschränkt sich die Mitbestimmung auf die Grundsätze für die Aufstellung der Dienstpläne, insbesondere für die Anordnung von Dienstbereitschaft, Mehrarbeit und Überstunden.

(5) Arbeitsentgelte und sonstige Arbeitsbedingungen, die durch Tarifvertrag geregelt sind oder üblicherweise geregelt werden, können nicht Gegenstand einer Dienstvereinbarung (Absatz 3) sein. Dies gilt nicht, wenn ein Tarifvertrag den Abschluss ergänzender Dienstvereinbarungen ausdrücklich zulässt.

§ 76

(1) Der Personalrat hat mitzubestimmen in Personalangelegenheiten der Beamten bei

1. Einstellung, Anstellung,

2. Beförderung, Übertragung eines anderen Amtes mit höherem Endgrundgehalt ohne Änderung der Amtsbezeichnung, Verleihung eines anderen Amtes mit anderer Amtsbezeichnung beim Wechsel der Laufbahngruppe, Laufbahnwechsel,

3. Übertragung einer höher oder niedriger zu bewertenden Tätigkeit,

4. Versetzung zu einer anderen Dienststelle, Umsetzung innerhalb der Dienststelle, wenn sie mit einem Wechsel des Dienstortes verbunden ist (das Einzugsgebiet im Sinne des Umzugskostenrechts gehört zum Dienstort),

5. Abordnung für eine Dauer von mehr als drei Monaten,

5a. Zuweisung nach § 29 des Bundesbeamtengesetzes für eine Dauer von mehr als drei Monaten,

6. Anordnungen, welche die Freiheit in der Wahl der Wohnung beschränken,

7. Versagung oder Widerruf der Genehmigung einer Nebentätigkeit,

8. Ablehnung eines Antrages nach den §§ 91, 92, 92a, 92b oder § 95 des Bundesbeamtengesetzes auf Teilzeitbeschäftigung, Ermäßigung der regelmäßigen Arbeitszeit oder Urlaub,

9. Hinausschiebung des Eintritts in den Ruhestand wegen Erreichens der Altersgrenze.

(2) Der Personalrat hat, soweit eine gesetzliche oder tarifliche Regelung nicht besteht, gegebenenfalls durch Abschluss von Dienstvereinbarungen mitzubestimmen über

1. Auswahl der Teilnehmer an Fortbildungsveranstaltungen für Beamte,

2. Inhalt von Personalfragebogen für Beamte,

3. Beurteilungsrichtlinien für Beamte,

4. Bestellung von Vertrauens- oder Betriebsärzten als Beamte,

5. Maßnahmen zur Hebung der Arbeitsleistung und Erleichterung des Arbeitsablaufs,

6. allgemeine Fragen der Fortbildung der Beschäftigten,

7. Einführung grundlegend neuer Arbeitsmethoden,

8. Erlass von Richtlinien über die personelle Auswahl bei Einstellungen, Versetzungen, Umgruppierungen und Kündigungen,

9. Geltendmachung von Ersatzansprüchen gegen einen Beschäftigten,

10. Maßnahmen, die der Durchsetzung der tatsächlichen Gleichberechtigung von Frauen und Männern, insbesondere bei der Einstellung, Beschäftigung, Aus-, Fort- und Weiterbildung und dem beruflichen Aufstieg dienen. In den Fällen der Nummer 9 bestimmt der Personalrat nur auf Antrag des Beschäftigten mit; dieser ist von der beabsichtigten Maßnahme rechtzeitig vorher in Kenntnis zu setzen.

§ 77

(1) In Personalangelegenheiten der in § 14 Abs. 3 bezeichneten Beschäftigten, der Beamten auf Zeit, der Beschäftigten mit überwiegend wissenschaftlicher oder künstlerischer Tätigkeit bestimmt der Personalrat nach § 75 Abs. 1, § 76 Abs. 1 nur mit, wenn sie es beantragen. § 75 Abs. 1 und 3 Nr. 14, § 76 Abs. 1 gelten nicht für die in § 54 Abs. 1 des Bundesbeamtengesetzes bezeichneten Beamten und für Beamtenstellen von der Besoldungsgruppe A 16 an aufwärts.

(2) Der Personalrat kann in den Fällen des § 75 Abs. 1 und des § 76 Abs. 1 seine Zustimmung verweigern, wenn

1. die Maßnahme gegen ein Gesetz, eine Verordnung, eine Bestimmung in einem Tarifvertrag, eine gerichtliche Entscheidung, den Frauenförderplan oder eine Verwaltungsanordnung oder gegen eine Richtlinie im Sinne des § 76 Abs. 2 Nr. 8 verstößt oder

2. die durch Tatsachen begründete Besorgnis besteht, dass durch die Maßnahme der betroffene Beschäftigte oder andere Beschäftigte benachteiligt werden, ohne dass dies aus dienstlichen oder persönlichen Gründen gerechtfertigt ist, oder

3. die durch Tatsachen begründete Besorgnis besteht, dass der Beschäftigte oder Bewerber den Frieden in der Dienststelle durch unsoziales oder gesetzwidriges Verhalten stören werde.

§ 78

(1) Der Personalrat wirkt mit bei

1. Vorbereitung von Verwaltungsanordnungen einer Dienststelle für die innerdienstlichen, sozialen und persönlichen Angelegenheiten der Beschäftigten ihres Geschäftsbereiches, wenn nicht nach § 118 des Bundesbeamtengesetzes die Spitzenorganisationen der zuständigen Gewerkschaften bei der Vorbereitung zu beteiligen sind,

2. Auflösung, Einschränkung, Verlegung oder Zusammenlegung von Dienststellen oder wesentlichen Teilen von ihnen,

3. Erhebung der Disziplinarklage gegen einen Beamten,

4. Entlassung von Beamten auf Probe oder auf Widerruf, wenn sie die Entlassung nicht selbst beantragt haben,

5. vorzeitiger Versetzung in den Ruhestand.

(2) In den Fällen des Absatzes 1 Nr. 3 bis 5 gilt für die Mitwirkung des Personalrates § 77 Abs. 1 Satz 2 entsprechend. In den Fällen des Absatzes 1 Nr. 3 bis 5 wird der Personalrat nur auf Antrag des Beschäftigten beteiligt; in diesen Fällen ist der Beschäftigte von der beabsichtigten Maßnahme rechtzeitig vorher in Kenntnis zu setzen. Der Personalrat kann bei der Mitwirkung nach Absatz 1 Nr. 3 Einwendungen auf die in § 77 Abs. 2 Nr. 1 und 2 bezeichneten Gründe stützen.

(3) Vor der Weiterleitung von Personalanforderungen zum Haushaltsvoranschlag ist der Personalrat anzuhören.

Gibt der Personalrat einer nachgeordneten Dienststelle zu den Personalanforderungen eine Stellungnahme ab, so ist diese mit den Personalanforderungen der übergeordneten Dienststelle vorzulegen. Das gilt entsprechend für die Personalplanung.

(4) Absatz 3 gilt entsprechend für Neu-, Um- und Erweiterungsbauten von Diensträumen.

(5) Vor grundlegenden Änderungen von Arbeitsverfahren und Arbeitsabläufen ist der Personalrat anzuhören.

§ 79

(1) Der Personalrat wirkt bei der ordentlichen Kündigung durch den Arbeitgeber mit. § 77 Abs. 1 Satz 2 gilt entsprechend. Der Personalrat kann gegen die Kündigung Einwendungen erheben, wenn nach seiner Ansicht

1. bei der Auswahl des zu kündigenden Arbeitnehmers soziale Gesichtspunkte nicht oder nicht ausreichend berücksichtigt worden sind,

2. die Kündigung gegen eine Richtlinie im Sinne des § 76 Abs. 2 Nr. 8 verstößt,

3. der zu kündigende Arbeitnehmer an einem anderen Arbeitsplatz in derselben Dienststelle oder in einer anderen Dienststelle desselben Verwaltungszweiges an demselben Dienstort einschließlich seines Einzugsgebietes weiterbeschäftigt werden kann,

4. die Weiterbeschäftigung des Arbeitnehmers nach zumutbaren Umschulungs- oder Fortbildungsmaßnahmen möglich ist oder

5. die Weiterbeschäftigung des Arbeitnehmers unter geänderten Vertragsbedingungen möglich ist und der Arbeitnehmer sein Einverständnis hiermit erklärt. Wird dem Arbeitnehmer gekündigt, obwohl der Personalrat nach Satz 3 Einwendungen gegen die Kündigung erhoben hat, so ist dem Arbeitnehmer mit der Kündigung eine Abschrift der Stellungnahme des Personalrates zuzuleiten, es sei denn, dass die Stufenvertretung in der Verhandlung nach § 72 Abs. 4 Satz 2 die Einwendungen nicht aufrechterhalten hat.

(2) Hat der Arbeitnehmer im Falle des Absatzes 1 Satz 4 nach dem Kündigungsschutzgesetz Klage auf Feststellung erhoben, dass das Arbeitsverhältnis durch die Kündigung nicht aufgelöst ist, so muss der Arbeitgeber auf Verlangen des Arbeitnehmers diesen nach Ablauf der Kündigungsfrist bis zum rechtskräftigen Abschluss des Rechtsstreits bei unveränderten Arbeitsbedingungen weiterbeschäftigen. Auf Antrag des Arbeitgebers kann das Arbeitsgericht ihn durch einstweilige Verfügung von der Verpflichtung zur Weiterbeschäftigung nach Satz 1 entbinden, wenn

1. die Klage des Arbeitnehmers keine hinreichende Aussicht auf Erfolg bietet oder mutwillig erscheint oder

2. die Weiterbeschäftigung des Arbeitnehmers zu einer unzumutbaren wirtschaftlichen Belastung des Arbeitgebers führen würde oder

3. der Widerspruch des Personalrates offensichtlich unbegründet war.

(3) Vor fristlosen Entlassungen und außerordentlichen Kündigungen ist der Personalrat anzuhören. Der Dienststellenleiter hat die beabsichtigte Maßnahme zu begründen. Hat der Personalrat Bedenken, so hat er sie unter Angabe der Gründe dem Dienststellenleiter unverzüglich, spätestens innerhalb von drei Arbeitstagen schriftlich mitzuteilen.

(4) Eine Kündigung ist unwirksam, wenn der Personalrat nicht beteiligt worden ist.

§ 80

An Prüfungen, die eine Dienststelle von den Beschäftigten ihres Bereichs abnimmt, kann ein Mitglied des für diesen Bereich zuständigen Personalrates, das von diesem benannt ist, beratend teilnehmen.

§ 81

(1) Der Personalrat hat bei der Bekämpfung von Unfall- und Gesundheitsgefahren die für den Arbeitsschutz zuständigen Behörden, die Träger der gesetzlichen Unfallversicherung und die übrigen in Betracht kommenden Stellen durch Anregung, Beratung und Auskunft zu unterstützen und sich für die Durchführung der Vorschriften über den Arbeitsschutz und die Unfallverhütung in der Dienststelle einzusetzen.

(2) Der Dienststellenleiter und die in Absatz 1 genannten Stellen sind verpflichtet, bei allen im Zusammenhang mit dem Arbeitsschutz oder der Unfallverhütung stehenden Besichtigungen und Fragen und bei Unfalluntersuchungen den Personalrat oder die von ihm bestimmten Personalratsmitglieder derjenigen Dienststelle hinzuzuziehen, in der die Besichtigung oder Untersuchung stattfindet. Der Dienststellenleiter hat dem Personalrat unverzüglich die den Arbeitsschutz und die Unfallverhütung betreffenden Auflagen und Anordnungen der in Absatz 1 genannten Stellen mitzuteilen.

(3) An den Besprechungen des Dienststellenleiters mit den Sicherheitsbeauftragten im Rahmen des § 22 Abs. 2 des Siebten Buches Sozialgesetzbuch nehmen vom Personalrat beauftragte Personalratsmitglieder teil.

(4) Der Personalrat erhält die Niederschriften über Untersuchungen, Besichtigungen und Besprechungen, zu denen er nach den Absätzen 2 und 3 hinzuzuziehen ist.

(5) Der Dienststellenleiter hat dem Personalrat eine Durchschrift der nach § 193 Abs. 5 des Siebten Buches Sozialgesetzbuch vom Personalrat zu unterschreibenden Unfallanzeige oder des nach beamtenrechtlichen Vorschriften zu erstattenden Berichts auszuhändigen.

Vierter Abschnitt
Beteiligung der Stufenvertretungen und des Gesamtpersonalrates

§ 82

(1) In Angelegenheiten, in denen die Dienststelle nicht zur Entscheidung befugt ist, ist an Stelle des Personalrates die bei der zuständigen Dienststelle gebildete Stufenvertretung zu beteiligen.

(2) Vor einem Beschluss in Angelegenheiten, die einzelne Beschäftigte oder Dienststellen betreffen, gibt die Stufenvertretung dem Personalrat Gelegenheit zur Äußerung. In diesem Falle verdoppeln sich die Fristen der §§ 69 und 72.

(3) Die Absätze 1 und 2 gelten entsprechend für die Verteilung der Zuständigkeit zwischen Personalrat und Gesamtpersonalrat.

(4) Für die Befugnisse und Pflichten der Stufenvertretungen und des Gesamtpersonalrates gelten die §§ 69 bis 81 entsprechend.

(5) Werden im Geschäftsbereich mehrstufige Verwaltungen personelle oder soziale Maßnahmen von einer Dienststelle getroffen, bei der keine für eine Beteiligung an diesen Maßnahmen zuständige Personalvertretung vorgesehen ist, so ist die Stufenvertretung bei der nächsthöheren Dienststelle, zu deren Geschäftsbereich die

entscheidende Dienststelle und die von der Entscheidung Betroffenen gehören, zu beteiligen.

Sechstes Kapitel
Gerichtliche Entscheidungen

§ 83

(1) Die Verwaltungsgerichte, im dritten Rechtszug das Bundesverwaltungsgericht, entscheiden außer in den Fällen der §§ 9, 25, 28 und 47 Abs. 1 über

1. Wahlberechtigung und Wählbarkeit,

2. Wahl und Amtszeit der Personalvertretungen und der in den §§ 57, 65 genannten Vertreter sowie die Zusammensetzung der Personalvertretungen und der Jugend- und Auszubildendenvertretungen,

3. Zuständigkeit, Geschäftsführung und Rechtsstellung der Personalvertretungen und der in den §§ 57, 65 genannten Vertreter,

4. Bestehen oder Nichtbestehen von Dienstvereinbarungen.

(2) Die Vorschriften des Arbeitsgerichtsgesetzes über das Beschlussverfahren gelten entsprechend.

§ 84

(1) Für die nach diesem Gesetz zu treffenden Entscheidungen sind bei den Verwaltungsgerichten des ersten und zweiten Rechtszuges Fachkammern (Fachsenate) zu bilden. Die Zuständigkeit einer Fachkammer kann auf die Bezirke anderer Gerichte oder Teile von ihnen erstreckt werden.

(2) Die Fachkammer besteht aus einem Vorsitzenden und ehrenamtlichen Richtern. Die ehrenamtlichen Richter müssen Beschäftigte im öffentlichen Dienst des Bundes sein. Sie werden je zur Hälfte durch die Landesregierung oder die von ihr bestimmte Stelle auf Vorschlag

1. der unter den Beschäftigten vertretenen Gewerkschaften und

2. der in § 1 bezeichneten Verwaltungen und Gerichte

berufen. Für die Berufung und Stellung der ehrenamtlichen Richter und ihre Heranziehung zu den Sitzungen gelten die Vorschriften des Arbeitsgerichtsgesetzes über ehrenamtliche Richter entsprechend.

(3) Die Fachkammer wird tätig in der Besetzung mit einem Vorsitzenden und je zwei nach Absatz 2 Satz 3 Nr. 1 und 2 berufenen Besitzern. Unter den in Absatz 2 Satz 3 Nr. 1 bezeichneten Beisitzern muss sich je ein Beamter und ein Arbeitnehmer befinden.

Siebentes Kapitel
Vorschriften für besondere Verwaltungszweige und die Behandlung von Verschlusssachen

§ 85

(1) Für die Bundespolizei gilt dieses Gesetz mit folgenden Abweichungen:

1. Die Beschäftigten der Bundespolizeibehörden und der ihnen nachgeordneten Dienststellen wählen Bundespolizeipersonalvertretungen (Bundespolizeipersonalrat, Bundespolizeibezirkspersonalrat, Bundespolizei-hauptpersonalrat).

2. Polizeivollzugsbeamte sind nur wahlberechtigt (§ 13 Abs. 1), wenn sie am Wahltag die Grundausbildung

bereits beendet haben und nicht bei der Berufung in das Beamtenverhältnis schriftlich erklärt haben, nur eine Dienstzeit von zwei Jahren ableisten zu wollen.

3. In Angelegenheiten, die lediglich die Polizeivollzugsbeamten betreffen, die nach Nummer 2 nicht wahlberechtigt sind, wirkt die Bundespolizeipersonalvertretung mit, wenn ein Vertrauensmann (Absatz 2) dies im Einzelfalle beantragt.

4. Die in Nummer 3 bezeichneten Polizeivollzugsbeamten werden bei der Ermittlung der Zahl der vom Dienst freizustellenden Personalratsmitglieder nach § 46 Abs. 4 nicht berücksichtigt.

5. Die Vorschriften über die Jugend- und Auszubildendenvertretung gelten nicht für die Polizeivollzugsbeamten.

6. Eine Beteiligung der Bundespolizeipersonalvertretung findet nicht statt bei

a) Anordnungen für Polizeivollzugsbeamte, durch die Einsatz oder Einsatzübungen geregelt werden,

b) der Einstellung von Polizeivollzugsbeamten für die Grundausbildung.

7. Die Bundespolizeipersonalvertretung bestimmt bei der Berufsförderung von Polizeivollzugsbeamten mit, soweit der Beamte dies beantragt.

(2) Die Polizeivollzugsbeamten, die nach Absatz 1 Nr. 2 nicht das Wahlrecht zu den Bundespolizeipersonalvertretungen besitzen, wählen in jeder Einheit einen Vertrauensmann und zwei Stellvertreter. Einheiten im Sinne des Satzes 1 sind die Hundertschaften oder vergleichbare Einheiten und Dienststellen nach näherer Bestimmung des Bundesministers des Innern. Für die Wahl, die Amtszeit und die Aufgaben des Vertrauensmannes gilt folgendes:

1. Wahlberechtigt und wählbar sind ohne Rücksicht auf ihr Alter die in Satz 1 genannten Polizeivollzugsbeamten; im übrigen gelten § 13 Abs. 1, § 14 Abs. 1 Satz 2 entsprechend.

2. Der Bundespolizeipersonalrat bestimmt spätestens drei Wochen vor dem unter Nummer 4 Satz 2 genannten Zeitpunkt drei Wahlberechtigte als Wahlvorstand und einen von ihnen als Vorsitzenden. Hat der Bundespolizeipersonalrat den Wahlvorstand nicht fristgemäß bestimmt oder besteht in der Dienststelle kein Bundespolizeipersonalrat, so bestellt der Leiter der Dienststelle den Wahlvorstand.

3. Der Wahlvorstand hat unverzüglich eine Versammlung der Wahlberechtigten einzuberufen. In dieser Versammlung ist die Wahl des Vertrauensmannes und seiner Stellvertreter durchzuführen. Gewählt wird durch Handaufheben. Widerspricht ein Wahlberechtigter diesem Verfahren, so wird eine geheime Wahl mit Stimmzetteln vorgenommen. § 24 gilt entsprechend.

4. Für die Amtszeit des Vertrauensmannes und seiner Stellvertreter gelten § 29 Abs. 1 Nr. 2, 4, 5 und § 30 entsprechend. § 31 Abs. 1, 2 ist mit der Maßgabe anzuwenden, dass eine Neuwahl stattfindet, wenn nach Eintreten beider Stellvertreter kein Vertrauensmann mehr vorhanden ist.

5. Für die Geschäftsführung und Rechtsstellung des Vertrauensmannes gelten die §§ 43 bis 45, 46 Abs. 1, 2, 3 Satz 1 und 6 entsprechend. Für die Aufgaben und Befugnisse des Vertrauensmannes gelten § 2, § 47 Abs. 2, §§ 66 bis 68 entsprechend. In den Fällen des § 75 Abs. 2 Satz 1 Nr. 1, Abs. 3 Nr. 3, 14, 15, § 76 Abs. 1 Nr. 2, 4, 5, Abs. 2 Nr. 1, 5, 6, 9, § 78 Abs. 1 Nr. 4 ist, soweit Polizeivollzugsbeamte, die nach Absatz 1 Nr. 2 nicht das Wahlrecht zu den Bundespolizeipersonalvertretungen besitzen, betroffen sind, der Vertrauensmann rechtzeitig von dem Dienststellenleiter zu hören, in den Fällen des § 76 Abs.

2 Nr. 9, § 78 Abs. 1 Nr. 4 jedoch nur auf Antrag des Betroffenen. Der Vertrauensmann kann an den Sitzungen des Bundespolizeipersonalrates beratend teilnehmen; in den Fällen des Absatzes 1 Nr. 3 hat er im Bundesgrenzschutzpersonalrat Stimmrecht.

(3) Die Dienstleistenden (§ 49 Abs. 1 des Bundesgrenzschutzgesetzes vom 18. August 1972 (BGBl. I S. 1834), das zuletzt durch Artikel 3 des Gesetzes vom 19. Oktober 1994 (BGBl. I S. 2978) geändert worden ist,) stehen bei der Anwendung dieses Gesetzes den Polizeivollzugsbeamten gleich, die nach Absatz 1 Nr. 2 nicht das Wahlrecht zu den Bundesgrenzschutzpersonalvertretungen besitzen; sie wählen gemeinsam mit diesen den Vertrauensmann und dessen Stellvertreter (Absatz 2). Erleidet ein Dienstleistender anlässlich der Wahrnehmung von Rechten oder Erfüllung von Pflichten nach diesem Gesetz durch einen Unfall eine gesundheitliche Schädigung, die eine Grenzschutzdienstbeschädigung wäre, so sind die dafür geltenden Vorschriften entsprechend anzuwenden.

§ 86

Für den Bundesnachrichtendienst gilt dieses Gesetz mit folgenden Abweichungen:

1. Teile und Stellen des Bundesnachrichtendienstes, die nicht zur Zentrale des Bundesnachrichtendienstes gehören, gelten als Dienststellen im Sinne des § 6 Abs. 1. In Zweifelsfällen entscheidet der Leiter des Bundesnachrichtendienstes über die Dienststelleneigenschaft.

2. Die Mitgliedschaft im Personalrat ruht bei Personen, die zu einer sicherheitsempfindlichen Tätigkeit nicht zugelassen sind.

3. Die Personalversammlungen finden nur in den Räumen der Dienststelle statt, sie werden in der Zentrale nur als Teilversammlungen durchgeführt. Über die Abgrenzung entscheidet der Leiter des Bundesnachrichtendienstes. Der Leiter des Bundesnachrichtendienstes kann nach Anhörung des Personalrates bestimmen, dass Personalversammlungen als Vollversammlung durchgeführt werden.

4. Der Leiter der Dienststelle kann nach Anhörung des Personalrates bestimmen, das Beschäftigte, bei denen dies wegen ihrer dienstlichen Aufgaben zwingend geboten ist, nicht an Personalversammlungen teilnehmen.

5. Die Tagesordnung der Personalversammlung und die in der Personalversammlung sowie im Tätigkeitsbericht zu behandelnden Punkte legt der Personalrat im Benehmen mit dem Leiter der Dienststelle fest. Andere Punkte dürfen nicht behandelt werden. Der Leiter der Dienststelle nimmt an den Personalversammlungen teil.

6. In den Fällen des § 20 Abs. 2, der §§ 21 und 23 sowie des § 28 Absatz 2 bestellt der Leiter der Dienststelle den Wahlvorstand.

7. Die Beschäftigten des Bundesnachrichtendienstes wählen keine Stufenvertretung. Soweit eine Stufenvertretung zuständig ist, ist an ihrer Stelle der Gesamtpersonalrat zu beteiligen. Die Aufgaben der obersten Dienstbehörde nach diesem Gesetz nimmt der Chef des Bundeskanzleramtes wahr.

8. An die Stelle der Mitbestimmung und der Zustimmung tritt die Mitwirkung des Personalrates. Die oberste Dienstbehörde und der Gesamtpersonalrat können durch Dienstvereinbarung ergänzende Regelungen über die Beteiligung der Personalvertretungen im Bundesnachrichtendienst treffen oder jederzeit widerruflich von Regelungen des § 86, ausgenommen die Nummern 2, 7, 10 und 13, abweichen.

9. § 93 ist mit folgender Maßgabe anzuwenden:

a) Personalvertretungen bei Dienststellen im Sinne der Nummer 1 bilden keine Ausschüsse, an ihre Stelle tritt der Ausschuss des Gesamtpersonalrates.

b) Der Leiter des Bundesnachrichtendienstes kann außer in den Fällen des § 93 Abs. 5 auch bei Vorliegen besonderer nachrichtendienstlicher Gründe Anordnungen im Sinne des § 93 Abs. 5 treffen oder von einer Beteiligung absehen.

c) § 93 Absatz 1 Satz 1 ist nur anzuwenden, wenn nicht alle Mitglieder der zuständigen Personalvertretung ermächtigt sind, von Verschlusssachen des entsprechenden Geheimhaltungsgrades Kenntnis zu erhalten.

10. Bei Vorliegen besonderer Sicherheitsvorfälle oder einer besonderen Einsatzsituation, von der der Bundesnachrichtendienst ganz oder teilweise betroffen ist, ruhen die Rechte und Pflichten der zuständigen Personalvertretungen. Beginn und Ende des Ruhens der Befugnisse der Personalvertretung werden jeweils vom Leiter des Bundesnachrichtendienstes im Einvernehmen mit dem Chef des Bundeskanzleramtes festgestellt.

11. § 70 Absatz 1 und § 79 Absatz 2 sind nicht anzuwenden. Die Vorschriften über eine Beteiligung von Vertretern oder Beauftragten der Gewerkschaften und Arbeitgebervereinigungen (§ 20 Absatz 1, die §§ 36 und 39 Absatz 1 sowie § 52) sind nicht anzuwenden. Der Leiter des Bundesnachrichtendienstes kann bestimmen, dass Beauftragte der Gewerkschaften zu einer sicherheitsempfindlichen Tätigkeit zugelassen sein müssen. Der Leiter des Bundesnachrichtendienstes kann die Anwendung des § 12 Absatz 2 ausschließen.

12. Soweit sich aus den Nummern 1 bis 11 nichts anderes ergibt, gelten die §§ 59 bis 63 des Soldatenbeteiligungsgesetzes entsprechend.

13. Für gerichtliche Entscheidungen nach § 83 Abs. 1 ist im ersten und letzten Rechtszug das Bundesverwaltungsgericht zuständig. Im gerichtlichen Verfahren ist § 99 der Verwaltungsgerichtsordnung entsprechend anzuwenden.

§ 87

Für das Bundesamt für Verfassungsschutz gilt dieses Gesetz mit folgenden Abweichungen:

1. Der Leiter des Bundesamtes für Verfassungsschutz kann nach Anhörung des Personalrates bestimmen, dass Beschäftigte, bei denen dies wegen ihrer dienstlichen Aufgaben dringend geboten ist, nicht an Personalversammlungen teilnehmen.

2. Die Vorschriften über eine Beteiligung von Vertretern oder Beauftragten der Gewerkschaften und Arbeitgebervereinigungen (§ 20 Abs. 1, §§ 36, 39 Abs. 1, § 52) sind nicht anzuwenden.

3. Bei der Beteiligung der Stufenvertretung und der Einigungsstelle sind Angelegenheiten, die lediglich Beschäftigte des Bundesamtes für Verfassungsschutz betreffen, wie Verschlusssachen des Geheimhaltungsgrades "VS-VERTRAULICH" zu behandeln (§ 93), soweit nicht die zuständige Stelle etwas anderes bestimmt.

§ 88

Für bundesunmittelbare Körperschaften und Anstalten des öffentlichen Rechts im Bereich der Sozialversicherung und für die Bundesagentur für Arbeit gilt dieses Gesetz mit folgenden Abweichungen:

1. Behörden der Mittelstufe im Sinne des § 6 Abs. 2 Satz 2 sind die der Hauptverwaltungsstelle unmittelbar nachgeordneten Dienststellen, denen andere Dienststellen nachgeordnet sind.

2. Abweichend von § 7 Satz 1 handelt für die Körperschaft oder Anstalt der Vorstand, soweit ihm die Entscheidungsbefugnis vorbehalten ist; für die Agenturen für Arbeit und die Regionaldirektionen der Bundesagentur für Arbeit handelt die Geschäftsführung. Der Vorstand oder die Geschäftsführung kann sich durch eines oder mehrere der jeweiligen Mitglieder vertreten lassen. § 7 Satz 3 und 4 bleibt unberührt.

3. Als oberste Dienstbehörde im Sinne des § 69 Abs. 3, 4 und des § 71 gilt der Vorstand. § 69 Abs. 3 Satz 2 ist nicht anzuwenden.

§ 89

Für die Deutsche Bundesbank gilt dieses Gesetz mit folgenden Abweichungen:

1. Als Behörden der Mittelstufe im Sinne des § 6 Abs. 2 Satz 2 gelten die Landeszentralbanken, denen Zweiganstalten unterstehen.

2. Oberste Dienstbehörde ist der Präsident der Deutschen Bundesbank. Der Zentralbankrat gilt als oberste Dienstbehörde, soweit ihm die Entscheidung zusteht, § 69 Abs. 3 Satz 2 ist nicht anzuwenden.

3. Der Zentralbankrat, das Direktorium und der Vorstand einer Landeszentralbank können sich durch eines oder mehrere ihrer Mitglieder vertreten lassen. § 7 Satz 2 bleibt unberührt.

§ 89a

-

§ 90

Für die Rundfunkanstalt des Bundesrechts "Deutsche Welle" gilt dieses Gesetz mit folgenden Abweichungen:

1. Die Einrichtungen der Deutschen Welle am Sitz Köln und die Einrichtungen der Deutschen Welle am Sitz Berlin bilden je eine Dienststelle im Sinne dieses Gesetzes. Diese Aufteilung auf zwei Dienststellen bleibt bei Verlegung des Sitzes von Köln nach Bonn bestehen. Andere Einrichtungen der Deutschen Welle werden vom Intendanten der Deutschen Welle einer Dienststelle zugeteilt. § 6 Abs. 3 findet keine Anwendung.

2. Die Beschäftigten in beiden Dienststellen wählen - neben den örtlichen Personalräten - einen Gesamtpersonalrat. Dieser wirkt bei der Entscheidung nach Nummer 1 Satz 3 mit. Er ist zuständig für die Behandlung dienststellenübergreifender Angelegenheiten. Der Gesamtpersonalrat hat seinen Sitzort am Sitz des Intendanten. Die für den Gesamtpersonalrat maßgebenden Bestimmungen finden im übrigen entsprechende Anwendung.

3. Die Beschäftigten im Sinne des § 57 in beiden Dienststellen wählen - neben den örtlichen Jugendund Auszubildendenvertretungen - eine Gesamt-Jugend- und Auszubildendenvertretung. Nummer 2 Satz 3 gilt entsprechend. Der Sitzort der Gesamt-Jugend- und Auszubildendenvertretung ist am Sitzort des Gesamtpersonalrats. Die für die Gesamt-Jugend- und Auszubildendenvertretung maßgebenden Bestimmungen finden im übrigen entsprechende Anwendung.

4. Leiter der Dienststellen ist der Intendant. Er gilt als oberste Dienstbehörde im Sinne dieses Gesetzes; § 69

Abs. 3 Satz 2 findet keine Anwendung. § 7 ist entsprechend anzuwenden.

5. Beschäftigte der Deutschen Welle im Sinne dieses Gesetzes sind die durch Arbeitsvertrag unbefristet oder auf Zeit angestellten Beschäftigten der Deutschen Welle einschließlich der zu ihrer Berufsausbildung Beschäftigten. Beschäftigte im Sinne dieses Gesetzes sind nicht:

a) der Intendant, die Direktoren und der Justitiar,

b) Personen in einem arbeitnehmerähnlichen Verhältnis, sonstige freie Mitarbeiter und Personen, die auf Produktionsdauer beschäftigt sind.

Beschäftigte, die in einer Einrichtung der Deutschen Welle im Ausland eingesetzt sind, sowie Volontäre sind nicht wählbar.

6. § 44 Abs. 1 Satz 2 findet mit der Maßgabe Anwendung, dass an die Stelle des Bundesreisekostengesetzes die Reisekostenordnung der Deutschen Welle tritt.

7. a) Bei Beschäftigten, deren Vergütung sich nach der Vergütungsgruppe I des Vergütungstarifvertrags der Deutschen Welle bemisst oder deren Vergütung über der höchsten Vergütungsgruppe liegt, wird der Personalrat in den Fällen des § 75 Abs. 1 und 3 Nr. 14 nicht beteiligt.

b) Bei im Programmbereich Beschäftigten der Vergütungsgruppe II des Vergütungstarifvertrags der Deutschen Welle tritt in Fällen des § 75 Abs. 1 an die Stelle der Mitbestimmung des Personalrats die Mitwirkung.

c) Bei Beschäftigten mit überwiegend wissenschaftlicher oder künstlerischer Tätigkeit sowie bei Beschäftigten, die maßgeblich an der Programmgestaltung beteiligt sind, bestimmt der Personalrat in den Fällen des § 75 Abs. 1 nur mit, wenn sie dies beantragen. § 69 Abs. 4 Satz 3 und 4 gilt entsprechend.

§ 91

(1) Für Dienststellen des Bundes im Ausland gilt dieses Gesetz mit folgenden Abweichungen:

1. Ortskräfte sind nicht Beschäftigte im Sinne des § 4.

2. Die Beschäftigten sind nicht in eine Stufenvertretung oder in einen Gesamtpersonalrat bei einer Dienststelle im Inland wählbar.

3. Die nach § 13 wahlberechtigten Beschäftigten im Geschäftsbereich des Auswärtigen Amtes im Ausland ohne die Dienststellen des Deutschen Archäologischen Instituts sind außer zur Wahl des Personalrates ihrer Dienststelle auch zur Wahl des Personalrates des Auswärtigen Amtes wahlberechtigt, jedoch nicht wählbar. Zur Wahl des Hauptpersonalrates des Auswärtigen Amtes sind sie nicht wahlberechtigt. Soweit eine Stufenvertretung zuständig wäre, ist an ihrer Stelle der Personalrat des Auswärtigen Amtes zu beteiligen. § 47 Abs. 2 gilt nicht für die nach Satz 1 zur Wahl des Personalrates des Auswärtigen Amtes wahlberechtigten Beschäftigten.

4. § 47 Abs. 2 gilt für Mitglieder von Personalräten im Geschäftsbereich des Bundesministeriums der Verteidigung im Ausland nur für die Dauer einer regelmäßigen Amtszeit in dem durch § 26 festgelegten Umfang.

5. Für gerichtliche Entscheidungen nach § 83 ist das Verwaltungsgericht zuständig, in dessen Bezirk die oberste Dienstbehörde ihren Sitz hat.

(2) In Dienststellen des Bundes im Ausland, in denen in der Regel mindestens fünf Ortskräfte (Absatz 1 Nr. 1) beschäftigt sind, wählen diese einen Vertrauensmann und höchstens zwei Stellvertreter.

Gewählt wird durch Handaufheben; widerspricht ein Wahlberechtigter diesem Verfahren, so wird eine geheime Wahl mit Stimmzetteln vorgenommen. § 24 Abs. 1 Satz 1 und 2, Abs. 2 gilt entsprechend. Die Amtszeit des Vertrauensmannes und seiner Stellvertreter beträgt zwei Jahre; im übrigen gilt § 29 Abs. 1 sinngemäß. § 31 ist mit der Maßgabe anzuwenden, dass eine Neuwahl stattfindet, wenn nach Eintreten der Stellvertreter kein Vertrauensmann mehr vorhanden ist. Der Vertrauensmann nimmt Anregungen, Anträge und Beschwerden der Ortskräfte in innerdienstlichen, sozialen und persönlichen Angelegenheiten entgegen und vertritt sie gegenüber dem Dienststellenleiter und dem Personalrat. Vor der Beschlussfassung in Angelegenheiten, die die besonderen Interessen der Ortskräfte wesentlich berühren, hat der Personalrat dem Vertrauensmann Gelegenheit zur Äußerung zu geben. Für den Vertrauensmann gelten die §§ 43 bis 45, 46 Abs. 1, 2, 3 Satz 1 und § 67 Abs. 1 Satz 3 sinngemäß.

§ 92

Für den Geschäftsbereich des Bundesministeriums der Verteidigung gilt § 82 Abs. 5 mit folgender Maßgabe:
1. Werden personelle oder soziale Maßnahmen von einer Dienststelle, bei der keine für eine Beteiligung an diesen Maßnahmen zuständige Personalvertretung vorgesehen ist, mit Wirkung für einzelne Beschäftigte einer ihr nicht nachgeordneten Dienststelle getroffen, so ist der Personalrat dieser Dienststelle von deren Leiter zu beteiligen, nachdem zuvor ein Einvernehmen zwischen den Dienststellen über die beabsichtigte Maßnahme hergestellt worden ist.
2. Bei innerdienstlichen oder sozialen Angelegenheiten, die Liegenschaften eines Dienstortes betreffen, wird die Beteiligung durch einen Ausschuss ausgeübt, der bei der für die Entscheidung zuständigen Stelle eingerichtet ist, sofern ein solcher gebildet worden ist und das gesetzlich zuständige Beteiligungsgremium zugestimmt hat. Die Aufgaben und Befugnisse des Dienststellenleiters werden in diesen Fällen durch die für die Entscheidung zuständige Stelle wahrgenommen. Kommt im Beteiligungsverfahren eine Einigung nicht zustande, richtet sich das weitere Verfahren nach § 69 Absatz 3 und 4 oder nach § 72 Absatz 4 und 5.

§ 93

(1) Soweit eine Angelegenheit, an der eine Personalvertretung zu beteiligen ist, als Verschlusssache mindestens des Geheimhaltungsgrades "VS-VERTRAULICH" eingestuft ist, tritt an die Stelle der Personalvertretung ein Ausschuss. Dem Ausschuss gehört höchstens je ein in entsprechender Anwendung des § 32 Abs. 1 gewählter Vertreter der im Personalrat vertretenen Gruppen an. Die Mitglieder des Ausschusses müssen nach den dafür geltenden Bestimmungen ermächtigt sein, Kenntnis von Verschlusssachen des in Betracht kommenden Geheimhaltungsgrades zu erhalten. Personalvertretungen bei Dienststellen, die Behörden der Mittelstufe nachgeordnet sind, bilden keinen Ausschuss; an ihre Stelle tritt der Ausschuss des Bezirkspersonalrates.
(2) Wird der zuständige Ausschuss nicht rechtzeitig gebildet, ist der Ausschuss der bei der Dienststelle bestehenden Stufenvertretung oder, wenn dieser nicht rechtzeitig gebildet wird, der Ausschuss der bei der obersten Dienstbehörde bestehenden Stufenvertretung zu beteiligen.

(3) Die Einigungsstelle (§ 71) besteht in den in Absatz 1 Satz 1 bezeichneten Fällen aus je einem Beisitzer, der von der obersten Dienstbehörde und der bei ihr bestehenden zuständigen Personalvertretung bestellt wird, und einem unparteiischen Vorsitzenden, die nach den dafür geltenden Bestimmungen ermächtigt sind, von Verschlusssachen des in Betracht kommenden Geheimhaltungsgrades Kenntnis zu erhalten.

(4) §§ 40, 82 Abs. 2 und die Vorschriften über die Beteiligung der Gewerkschaften und Arbeitgebervereinigungen in den §§ 36 und 39 Abs. 1 sind nicht anzuwenden. Angelegenheiten, die als Verschlusssachen mindestens des Geheimhaltungsgrades "VS-VERTRAULICH" eingestuft sind, werden in der Personalversammlung nicht behandelt.

(5) Die oberste Dienstbehörde kann anordnen, dass in den Fällen des Absatzes 1 Satz 1 dem Ausschuss und der Einigungsstelle Unterlagen nicht vorgelegt und Auskünfte nicht erteilt werden dürfen, soweit dies zur Vermeidung von Nachteilen für das Wohl der Bundesrepublik Deutschland oder eines ihrer Länder oder auf Grund internationaler Verpflichtungen geboten ist. Im Verfahren nach § 83 sind die gesetzlichen Voraussetzungen für die Anordnung glaubhaft zu machen.

Zweiter Teil
Personalvertretungen in den Ländern
Erstes Kapitel
Rahmenvorschriften für die Landesgesetzgebung

§ 94
Für die Gesetzgebung der Länder sind die §§ 95 bis 106 Rahmenvorschriften.

§ 95
(1) In den Verwaltungen und Betrieben der Länder, Gemeinden, Gemeindeverbände und der sonstigen nicht bundesunmittelbaren Körperschaften, Anstalten und Stiftungen des öffentlichen Rechts sowie in den Gerichten der Länder werden Personalvertretungen gebildet; für Beamte im Vorbereitungsdienst und Beschäftigte in entsprechender Berufsausbildung, Staatsanwälte, Polizeibeamte und Angehörige von Rundfunk- und Fernsehanstalten sowie von Dienststellen, die bildenden, wissenschaftlichen oder künstlerischen Zwecken dienen, können die Länder eine besondere Regelung unter Beachtung des § 104 vorsehen.

(2) In den einzelnen Dienststellen ist die Bildung von Jugend- und Auszubildendenvertretungen vorzusehen. Einem Vertreter der Jugend- und Auszubildendenvertretung ist die Teilnahme an allen Sitzungen der Personalvertretung mit beratender Stimme zu gestatten. Die Länder haben zu regeln, in welchen Fällen der gesamten Jugend- und Auszubildendenvertretung ein Teilnahmerecht mit beratender Stimme und in welchen Fällen ihr das Stimmrecht in der Personalvertretung einzuräumen ist.

(3) Der Schwerbehindertenvertretung ist die Teilnahme an allen Sitzungen der Personalvertretung zu gestatten.

§ 96
Die Aufgaben der Gewerkschaften und der Vereinigungen der Arbeitgeber werden durch das Personalvertretungsrecht nicht berührt.

§ 97

Durch Tarifvertrag oder Dienstvereinbarung darf eine von den gesetzlichen Vorschriften abweichende Regelung des Personalvertretungsrechts nicht zugelassen werden.

§ 98

(1) Die Personalvertretungen werden in geheimer und unmittelbarer Wahl und bei Vorliegen mehrerer Wahlvorschläge nach den Grundsätzen der Verhältniswahl gewählt.

(2) Sind in einer Dienststelle Angehörige verschiedener Gruppen wahlberechtigt, so wählen die Angehörigen jeder Gruppe ihre Vertreter in getrennten Wahlgängen, sofern nicht die Mehrheit der Wahlberechtigten jeder Gruppe in getrennter geheimer Abstimmung die gemeinsame Wahl beschließt.

(3) Über Angelegenheiten, die nur die Angehörigen einer Gruppe betreffen, kann die Personalvertretung nicht gegen den Willen dieser Gruppe beschließen.

(4) Die Geschlechter sollen in den Personalvertretungen und den Jugend- und Auszubildendenvertretungen entsprechend dem Zahlenverhältnis vertreten sein.

§ 99

(1) Wahl und Tätigkeit der Personalvertretungen und der Jugendvertretungen oder der Jugend- und Auszubildendenvertretungen dürfen nicht behindert oder in einer gegen die guten Sitten verstoßenden Weise beeinflusst werden.

(2) Mitglieder der Personalvertretungen und der Jugendvertretungen oder der Jugend- und Auszubildendenvertretungen dürfen gegen den Willen nur versetzt oder abgeordnet werden, wenn dies aus wichtigen dienstlichen Gründen auch unter Berücksichtigung der Mitgliedschaft in der Personalvertretung oder der Jugendvertretung sowie der Jugend- und Auszubildendenvertretung unvermeidbar ist und die Personalvertretung zustimmt.

§ 100

(1) Die Mitglieder der Personalvertretungen führen ihr Amt unentgeltlich als Ehrenamt.

(2) Durch die Wahl und die Tätigkeit der Personalvertretungen dürfen den Beschäftigten wirtschaftliche Nachteile nicht entstehen.

(3) Die durch die Wahl und die Tätigkeit der Personalvertretungen entstehenden Kosten trägt die Verwaltung.

§ 101

(1) Die Sitzungen der Personalvertretungen sind nicht öffentlich.

(2) Personen, die Aufgaben oder Befugnisse nach dem Personalvertretungsrecht wahrnehmen oder wahrgenommen haben, haben über die ihnen dabei bekanntgewordenen Angelegenheiten und Tatsachen Stillschweigen zu bewahren.

(3) Den Personalvertretungen sind auf Verlangen die zur Durchführung ihrer Aufgaben erforderlichen Unterlagen zur Verfügung zu stellen. Personalakten dürfen Mitgliedern der Personalvertretungen nur mit Zustimmung des Beschäftigten vorgelegt werden.

§ 102

(1) Die Personalvertretungen sind in angemessenen Zeitabständen neu zu wählen.

(2) Die Personalvertretungen können wegen grober Vernachlässigung ihrer gesetzlichen Befugnisse oder wegen grober Verletzung ihrer gesetzlichen Pflichten durch gerichtliche Entscheidung aufgelöst werden. Das gleiche gilt für den Ausschluss einzelner Mitglieder.

§ 103

Die Personalvertretungen haben darauf hinzuwirken, dass die zugunsten der Beschäftigten geltenden Vorschriften und Bestimmungen durchgeführt werden.

§ 104

Die Personalvertretungen sind in innerdienstlichen, sozialen und personellen Angelegenheiten der Beschäftigten zu beteiligen; dabei soll eine Regelung angestrebt werden, wie sie für Personalvertretungen in Bundesbehörden in diesem Gesetz festgelegt ist. Für den Fall der Nichteinigung zwischen der obersten Dienstbehörde und der zuständigen Personalvertretung in Angelegenheiten, die der Mitbestimmung unterliegen, soll die Entscheidung einer unabhängigen Stelle vorgesehen werden, deren Mitglieder von den Beteiligten bestellt werden. Entscheidungen, die wegen ihrer Auswirkungen auf das Gemeinwesen wesentlicher Bestandteil der Regierungsgewalt sind, insbesondere Entscheidungen in personellen Angelegenheiten der Beamten, über die Gestaltung von Lehrveranstaltungen im Rahmen des Vorbereitungsdienstes einschließlich der Auswahl der Lehrpersonen und in organisatorischen Angelegenheiten, dürfen jedoch nicht den Stellen entzogen werden, die der Volksvertretung verantwortlich sind.

§ 105

Die Personalvertretungen haben gemeinsam mit dem Leiter der Dienststelle für eine sachliche und gerechte Behandlung der Angelegenheiten der Beschäftigten zu sorgen. Insbesondere darf kein Beschäftigter wegen seiner Abstammung, Religion, Nationalität, Herkunft, politischen oder gewerkschaftlichen Betätigung oder Einstellung, wegen seines Geschlechtes oder wegen persönlicher Beziehungen bevorzugt oder benachteiligt werden. Der Leiter der Dienststelle und die Personalvertretung haben jede parteipolitische Betätigung in der Dienststelle zu unterlassen; die Behandlung von Tarif-, Besoldungs- und Sozialangelegenheiten wird hierdurch nicht berührt.

§ 106

Zu gerichtlichen Entscheidungen sind die Verwaltungsgerichte berufen.

Zweites Kapitel
Unmittelbar für die Länder geltende Vorschriften

§ 107

Personen, die Aufgaben oder Befugnisse nach dem Personalvertretungsrecht wahrnehmen, dürfen darin nicht behindert und wegen ihrer Tätigkeit nicht benachteiligt oder begünstigt werden; dies gilt auch für ihre berufliche Entwicklung. § 9 gilt entsprechend.

§ 108

(1) Die außerordentliche Kündigung von Mitgliedern der Personalvertretungen, der Jugendvertretungen oder der Jugend- und Auszubildendenvertretungen, der Wahlvorstände sowie von Wahlbewerbern, die in einem Arbeitsverhältnis stehen, bedarf der Zustimmung der zuständigen Personalvertretung. Verweigert die zuständige Personalvertretung ihre Zustimmung oder äußert sie sich nicht innerhalb von drei Arbeitstagen nach Eingang des Antrags, so kann das Verwaltungsgericht sie auf Antrag des Dienststellenleiters ersetzen, wenn die außerordentliche Kündigung unter Berücksichtigung aller Umstände gerechtfertigt ist. In dem Verfahren vor dem Verwaltungsgericht ist der betroffene Arbeitnehmer Beteiligter.

(2) Eine durch den Arbeitgeber ausgesprochene Kündigung des Arbeitsverhältnisses eines Beschäftigten ist unwirksam, wenn die Personalvertretung nicht beteiligt worden ist.

§ 109

Erleidet ein Beamter anlässlich der Wahrnehmung von Rechten oder Erfüllung von Pflichten nach dem Personalvertretungsrecht einen Unfall, der im Sinne der beamtenrechtlichen Unfallfürsorgevorschriften ein Dienstunfall wäre, so finden diese Vorschriften entsprechende Anwendung.

Dritter Teil
Strafvorschriften

§§ 110 und 111
(weggefallen)

Vierter Teil
Schlussvorschriften

§ 112
Dieses Gesetz findet keine Anwendung auf Religionsgemeinschaften und ihre karitativen und erzieherischen Einrichtungen ohne Rücksicht auf ihre Rechtsform; ihnen bleibt die selbständige Ordnung eines
Personalvertretungsrechtes überlassen.

§§ 113 und 114
(weggefallen)

§ 115
Die Bundesregierung wird ermächtigt, zur Durchführung der in den §§ 12 bis 25, 55 bis 57, 64, 65, 85 Abs. 2 sowie den §§ 86, 89a und 91 bezeichneten Wahlen durch Rechtsverordnung, die nicht der Zustimmung des Bundesrates bedarf, Vorschriften zu erlassen über

1. die Vorbereitung der Wahl, insbesondere die Aufstellung der Wählerlisten und die Errechnung der Vertreterzahl,

2. die Frist für die Einsichtnahme in die Wählerlisten und die Erhebung von Einsprüchen,

3. die Vorschlagslisten und die Frist für ihre Einreichung,

4. das Wahlausschreiben und die Fristen für seine Bekanntmachung,

5. die Stimmabgabe,

6. die Feststellung des Wahlergebnisses und die Fristen für seine Bekanntmachung,
7. die Aufbewahrung der Wahlakten.

§ 116

-

§ 116a

(1) Die erstmaligen Wahlen zu den Jugend- und Auszubildendenvertretungen, die an die Stelle der in § 57 in der Fassung des Gesetzes vom 15. März 1974 (BGBl. I S. 693) bezeichneten Jugendvertretungen treten, finden abweichend von § 60 Abs. 2 Satz 3 in der Zeit vom 1. Oktober bis 30. November 1988 statt. Sie finden unabhängig davon statt, seit wann zum Zeitpunkt dieser Wahlen die bestehenden in Satz 1 genannten Jugendvertretungen im Amt sind; § 27 Abs. 5 findet keine entsprechende Anwendung. Die Amtszeit der gemäß Satz 1 erstmalig gewählten Jugend- und Auszubildendenvertretungen endet spätestens am 31. Mai 1991; die nächsten regelmäßigen Wahlen finden demgemäß in der Zeit vom 1. März bis 31. Mai 1991 statt.

(2) Die Rechte und Pflichten der bis zum Beginn der Amtszeit der erstmalig gewählten Jugend- und Auszubildendenvertretungen bestehenden in Absatz 1 genannten Jugendvertretungen richten sich im übrigen nach diesem Gesetz in der Fassung des Gesetzes vom 15. März 1974 (BGBl. I S. 693), zuletzt geändert durch Artikel 4 des Gesetzes vom 24. Juli 1986 (BGBl. I S. 1110).

(3) Wahlen zu den in Absatz 1 genannten Jugendvertretungen finden nicht statt, wenn eine der Voraussetzungen für eine solche Wahl in entsprechender Anwendung des § 27 Abs. 2 Nr. 2 bis 5 nach dem Zeitpunkt eintritt, von dem an dieses Gesetz die Bildung von Jugend- und Auszubildendenvertretungen vorsieht. Im übrigen finden Wahlen zu den in Absatz 1 genannten Jugendvertretungen nach dem 31. Juli 1988 nicht statt.

(4) Artikel 1 Satz 2 des Gesetzes vom 18. Dezember 1987 (BGBl. I S. 2746) findet in den in Absatz 3 genannten Fällen keine Anwendung.

(5) Wird eine in Absatz 1 genannte Jugendvertretung durch GerichtsBeschluss aufgelöst, so findet § 28 Abs. 2 Satz 2 entsprechende Anwendung nur, wenn eine Verpflichtung des Wahlvorstands zur Einleitung von Neuwahlen von Jugendvertretungen unter Beachtung der Regelung nach Absatz 3 besteht. Die Wahrnehmung der Befugnisse und Pflichten der Jugendvertretung durch den Wahlvorstand in entsprechender Anwendung des § 28 Abs. 2 Satz 3 endet mit dem Beginn der Amtszeit der erstmals gewählten Jugend- und Auszubildendenvertretung.

§ 116b

§ 26 und § 27 Abs. 1 finden in der auf eine Amtszeit des Personalrats von vier Jahren abstellenden Fassung erstmalig Anwendung auf Personalräte, die nach dem 28. Februar 1991 gewählt werden. Entsprechendes gilt für die auf vierundzwanzig Monate abstellende Vorschrift des § 27 Abs. 2 Nr. 1. Auf vor dem 1. März 1991 gewählte Personalräte finden - unbeschadet des § 27 Abs. 5 - die Vorschriften des § 26, des § 27 Abs. 1 und Abs. 2 Nr. 1 in der Fassung des Gesetzes vom 15. März 1974 (BGBl I S. 693) Anwendung.

§ 117

Soweit in anderen Vorschriften auf Vorschriften verwiesen wird oder Bezeichnungen verwendet werden, die durch dieses Gesetz aufgehoben oder geändert werden, treten an ihre Stelle die entsprechenden Vorschriften dieses Gesetzes

§ 118

Dieses Gesetz gilt nach Maßgabe des § 13 Abs. 1 des Dritten Überleitungsgesetzes vom 4. Januar 1952 (BGBl I S. 1) auch im Land Berlin. Rechtsverordnungen, die auf Grund dieses Gesetzes erlassen werden, gelten im Land Berlin nach § 14 des Dritten Überleitungsgesetzes.

§ 119

Dieses Gesetz tritt am 1. April 1974 in Kraft.

Schlussformel

Die Bundesregierung hat dem vorstehenden Gesetz die nach Artikel 113 des Grundgesetzes erforderliche Zustimmung erteilt.

Martin Berger

Die Steuererklärung 2018 für das Jahr 2017

Der Praxisratgeber für Arbeitnehmer Beamte Rentner und Familien

Paperback
184 Seiten
ISBN-13: 9783746018607
Verlag: Books on Demand
Preis inkl. MwSt.: 10,95 EUR

Dieser Ratgeber richtet sich an Angestellte, Beamte, Arbeiter, Rentner, Studenten und Familien, die sich zum ersten Mal mit der Erstellung einer Einkommensteuererklärung beschäftigen oder das Einkommensteuerrecht und dessen steuerliches Einsparpotential besser verstehen wollen. Nahezu jedes Jahr werden Grundfreibeträge, Freigrenzen und die Steuerformulare verändert. Mit diesem Ratgeber behalten Sie den Überblick über die wichtigsten Veränderungen. Im ersten Teil des Ratgebers werden die Grundzüge des Einkommensteuerrechts anhand von zahlreichen Beispielfällen erläutert und Tipps zur Steuerreduzierung gegeben. Der zweite Teil beschäftigt sich detailliert Schritt für Schritt mit dem Ausfüllen der steuerlichen Formulare. Das Ziel dieses Praxisratgebers stellt einen Spagat dar zwischen verständlicher Ratgeberliteratur für den jährlichen Gebrauch durch Steuerpflichtige einerseits und der vertieften Darstellung steuerrechtlicher Probleme mit der dazugehörigen Rechtsprechung andererseits.